Timo Hinkelmann

ALL ABOUT CHICKEN

ALL ABOUT

Timo Hinkelmann

CHICKEN

TopBudget

INHALT

„ICH HABE MEIN HOBBY ZUM BERUF GEMACHT!“

38 Jahre ist es her, dass der „Rockerkoch“, Timo Hinkelmann, in Bielefeld das Licht der Welt erblickte. Die „Rampensau“ in ihm sollte sich aber erst später entwickeln – denn eigentlich, so Timo, „hatte ich sehr viele Jahre kein bisschen Plan, wohin die Reise gehen sollte.“ Mein Vater arbeitete in der Textilbranche, und wenn ich eines schnell wusste: „Ich werde kein tapferes Schneiderlein.“ Jedoch die eine Vater-Regel war auch für mich unumgänglich: „Disziplin steht über allem“. Daher habe ich mich mit 16, aus der Not heraus, entschieden; ich probier's mal mit Tischlern. Für mich war das vorerst die einfachste Entscheidung. Mein Onkel war Tischler und handwerklich war ich nicht ganz ungeschickt.

VATERS CREDO: „DISZIPLIN IST ALLES.“ MEINE INTERPRETATION: „DISZIPLIN BEI DEM, WAS MAN LIEBT UND LEBT!“

Ablenkung und Spaß hatte ich in meinem Nebenjob als Barkeeper im Café Cream, einer damaligen In-Bar in Herford. Beim Mixen und Probieren der Cocktails wurde mir schnell klar, dass das Quatschen mit Menschen, Leute zum Lachen bringen, aber auch das Zuhören, etwas ist, was mir viel Laune bereitet. An der Theke lernte ich auch meine Frau Alex kennen, die nun schon seit 16 Jahren an meiner Seite ist. Die Geburt unserer Tochter Leni 2016, machte unser Glück perfekt.

Was ich immer schon mochte: gutes Essen

Mein Aufgabenbereich änderte sich, als einer der Köche im Cream ausfiel. Ich hatte zwar keinen Plan und ich improvisierte, aber was sich später noch als mein Talent herausstellen sollte „kochen konnte ich wohl“.

Als neuer „Cream-Koch“ erinnerte ich mich an die vielen Reisen mit meinen Eltern nach Frankreich. Hier durfte ich schon als Kind vieles aus der feinen französischen Küche probieren – nicht gerade das, was man in Deutschland gemeinhin als Kinder-Essen bezeichnen würde – meine erste Auster habe ich schon mit 3 Jahren geschlürft. Es waren fantastische Geschmackserfahrungen, die ich in meinem neuen Aufgabenbereich super nutzen konnte.

„Ich habe richtig gerne in der Küche gestanden und Gästen abgefahrenes Essen gekocht. Eigentlich hätte ich da schon checken müssen, dass mein Arsch in die Küche gehört."

Nicht alles läuft nach Plan

Während meines zweiten Lehrjahres als Tischler, verstarb mein Vater unerwartet mit erst 51 Jahren. „Das hat mich erst mal komplett aus der Bahn geworfen." Ich schmiss meine Ausbildung und zog erst mal nur um die Häuser. Außer meinem Nebenjob, im Café Cream, hatte ich überhaupt keine Perspektive und wusste auch nicht, wohin die Reise gehen sollte.

Zeitgleich zu meinem Cream-Job, versuchte ich mein Fachabitur zu machen – ich dachte ein Abi in der Tasche zu haben, wäre eine mega Idee. Das war ein großer Fehler, denn da musste ich ja die Schulbank drücken.

Der Zufall brachte mich dann nach Bad Oeynhausen in ein kleines, feines Restaurant, in dem ich meine Ausbildung zum Koch begann. Die Zeit dort ließ mich wachsen. Ich durfte eigenständig arbeiten und schon früh Verantwortung für die ganze Küche übernehmen. Durch einen Betreiberwechsel stand ich ab dem zweiten Lehrjahr in Herford in der Küche.

Ich konnte meine Ausbildung schon nach 2 ½ Jahren erfolgreich beenden. Da ich schon über 21 war, und Schulbank drücken nicht zu meinen Vorlieben gehörte, eignete ich mir die Theorie einfach selbst an. Ich stand lieber in der Küche, als mit dem Arsch auf der Schulbank zu sitzen.

Auch als ausgelernter Koch blieb ich meiner Heimatregion treu, arbeitete als Chefkoch und Souschef in mehreren Läden mit Schwerpunkt südeuropäischer, internationaler sowie Cross-Over-Küche. Zuletzt landete ich wieder in meinem ehemaligen Ausbildungsbetrieb in Herford und sammelte weitere Jahre wichtige Erfahrungen. Die Grundlage für mein erstes, eigenes berufliches Baby war gesetzt.

Mein erster Schritt in die Selbstständigkeit

Mit der „Quartier Lounge" in Herford bekam ich 2012 die einmalige Gelegenheit, ein eingeführtes Restaurant von einem guten Bekannten zu übernehmen. Glücklicherweise hat mich mein Bruder Lynn mit diesem großen Projekt finanziell unterstützt, da ich selbst immer chronisch pleite war. Zudem half die gesamte Familie den Traum zu verwirklichen.

Der Plan, das Konzept meines Vorgängers zu übernehmen, aber gleichzeitig meine eigene Handschrift mit in die Speisekarte einzubringen, ging auf. Der Laden lief! So gut, dass auch meine Frau mit einstieg und den Service leitete. Darüber bin ich sehr glücklich. Unsere Quartier Lounge am Gänsemarkt ist klein, gemütlich und ein bisschen wie zu Hause.

Mein persönliches Highlight ist die kleine offene Küche, direkt bei den Gästen, die mir erlaubt, einen flapsigen Spruch mit dem Essen zu servieren.

Wenn einer glaubt, hier befindet sich Hightech vom Feinsten, ist schief gewickelt! 4 Campingkocher und ein Pizzaofen – fertig!

Denn wer kochen kann, braucht nur wenige Dinge: Feuer, 2 funktionierende Hände und ein bisschen Wahnsinn. Mein Kredo ist „Stumpf ist Trumpf“, deshalb gibt es keine klassische Speisekarte, sondern eine wöchentlich wechselnde beschriftete Tafel.

Frische regionale Produkte – aus die Maus!

ICH MAG ES SCHLICHT UND VOR ALLEM AUTHENTISCH. ICH NEIGE DAZU, ZU ÜBERTREIBEN. DIE MEISTEN LEUTE DENKEN NACH UND SPRECHEN DANN – BEI MIR IST ES GENAU ANDERSRUM, WAS MANCHMAL NICHT GANZ EINFACH IST. ABER MEINE FRAU UND MEINE TOCHTER GEBEN MIR DIE NÖTIGE BODENHAFTUNG.

Kochen, Menschen, Emotionen

2014 erkochte ich mir in der TV-Show „The taste“ den 3. Platz. Dabei wurde mir bewusst, wie geil die Bühne ist und wie sehr ich es liebe, neben dem Kochen, ein Publikum zu unterhalten.

Eine wirklich krasse TV-Aktion war dann die Teilnahme an der Local Wild Food Challenge (Mission Lecker! Vier gegen den Rest der Welt) in Massachusetts. Die Challenge, unseres vierköpfigen Teams aus deutschen Profiköchen, bestand darin, alle benötigten Zutaten für unser Gericht selbst zu jagen, zu angeln, zu sammeln oder auch auf Farmen zu erarbeiten. Das brachte mich mit meinem heutigen Manager Daniel Kiefer zusammen und führte dazu, dass ich inzwischen nicht nur Gastronom und TV-Koch, sondern auch Markenbotschafter, Produktentwickler und Buchautor bin.

Von der Pfanne aufs Papier

Dieses Kochbuch rund ums „Chicken“ ist ein Herzensprojekt. Meiner Meinung nach bekommt das heimische Geflügel viel zu wenig Aufmerksamkeit, denn Hühnchen ist nicht gleich Hühnchen.

Das ist auch der Grund, warum ich das Gesicht der „Wiesenhof Chicken Schmiede“ bin. Für diese geilen Chicken-Produkte schmiede ich in meiner Küche hammerharte Cross-Over-Rezepte.

Wie gesagt: Ich steh' nicht so auf Chichi, sondern auf das Produkt an sich. Daher koche ich simpel, schlotzig-schmottig-lecker und benutze gerne einen Arsch voll Kräuter.

Heute ist der Teller mein Meisterstück, die Küche meine Werkstatt und ich nutze sie in vollem Ausmaße.

Denn wo gehobelt wird, fallen auch Späne oder halt Kräuter.

Euer

GEFLÜGEL-VIELFALT

DER DEUTSCHEN LIEBSTES GEFLÜGEL IST DAS HAUSHUHN. AN ZWEITER STELLE REIHT SICH DIE PUTE EIN. VIEL WENIGER – WEIL VOR ALLEM ZU SAISONALEN ANLÄSSEN – WERDEN ENTEN UND GÄNSE VERZEHRT.

Unser Huhn ist ein Weltbürger

Seit mehr als 4000 Jahren versorgen uns Hühner mit Eiern, Fleisch und Federn. Die Vorfahren unseres Haushuhns lebten noch im südostasiatischen Dschungel. Über die Seidenstraße gelangten die ersten domestizierten Hühner dann bereits in vorchristlicher Zeit ans Mittelmeer: ca. 1500 v. Chr. nach Ägypten, ca. 700 v. Chr. mit den Handelsschiffen nach Griechenland. Von dort aus ging ihre Reise ins heutige Italien und weiter nach Spanien sowie über die Alpen nach Norden. Erst die Römer machten aus dem, bis dahin vor allem heiligen Huhn, ein richtiges Nutztier und begannen die Hühner systematisch zu züchten. Aus der frühen nachchristlichen Zeit sind die ersten römischen Hähnchenrezepte bekannt.

ÜBER DIE SEIDENSTRASSE GELANGTEN DIE ERSTEN DOMESTIZIERTEN HÜHNER DANN BEREITS IN VORCHRISTLICHER ZEIT ANS MITTELMEER

Leider ging die Kunst des planvollen Züchtens von Hühnern mit dem Untergang des römischen Reichs wieder verloren, und die Menschen im Mittelalter lebten mit und von zauseligen kleinen Hühnern.

Erst in der frühen Neuzeit wurde die Hühnerzucht wiederentdeckt. Ab dieser Epoche entwickelten sich allmählich viele regionale Hühnerrassen, die an die jeweiligen Lebensbedingungen und die Bedürfnisse der Menschen in ihrem Umfeld angepasst wurden. Doch ganz gleich in welcher Region, eines war Grundbedingung: Aus dem Hühnerstall mussten Eier UND Fleisch kommen.

Als nach dem Zweiten Weltkrieg in Deutschland die systematische Geflügelwirtschaft begann, traten die regionalen Rassen wieder in den Hintergrund, denn jetzt waren für die Massenhaltung und -produktion geeignete Vögel gefragt. Jenseits der kleinbäuerlichen und arbeiterständischen Hühnerhaltung entstanden spezialisierte Geflügelfarmen.

AUS DEM HÜHNERSTALL MUSSTEN EIER UND FLEISCH KOMMEN

Seither gilt Arbeitsteilung in den Geflügelställen: Es gibt nun Legebetriebe und Mastbetriebe. Dafür werden in speziellen Vermehrungsbetrieben Hühner erzeugt, die entweder besonders schnell Fleisch ansetzen oder besonders viele Eier legen.

Und das Huhn in Amerika? Oder anders gefragt: Was war eigentlich vor den großen Fast-Food-Ketten?

Es ist tatsächlich noch nicht allzu lange her, dass die Wissenschaft das südamerikanische Huhn als Einwanderer aus dem südostasiatischen Raum entlarvte. Das widerlegte die bis dahin gültige Lehrmeinung, dass die europäischen Eroberer das Huhn nach Amerika segelten.

Bestimmt hatte Christoph Kolumbus auch das eine oder andere südeuropäische Huhn mit in die „Neue Welt“ gebracht. Der amerikanische Kontinent war davor ganz sicher keine hühnerfreie Zone.

Gefiederte Großfamilie

Kleingeflügel – Großgeflügel – Hausgeflügel – Wildgeflügel

Geflügelfleisch ist in den vergangenen 20 Jahren deutlich beliebter geworden. Im Jahr 2000 hat jeder Einwohner in Deutschland 16,0 kg Geflügel genossen. Bei einem Gesamt-Fleischverbrauch von 85,2 kg pro Kopf waren es im Jahr 2019 bereits 23,3 kg (inkl. Suppenhühnern). Das ist ein Anstieg von über 45 %.

Hähnchenfleisch in Deutschland – der Renner

Hähnchen machen mit 16,2 kg pro Kopf rund 70 % (69,83 %) den weitaus größten Anteil am verbrauchten, also geschlachteten Geflügelfleisch aus. Die Bezeichnung „Hähnchen“ gilt übrigens für männliche und weibliche Masthühner gleichermaßen.

An zweiter Stelle folgen Puten mit 25 %. Enten und Gänse machen zusammen noch gut 5 % (5,6 %) am gesamten Geflügelverbrauch aus.

Quelle: MEG - Marktinfo Eier und Geflügel

Pute/Truthuhn/Truthahn

Der große Hühnervogel hat amerikanische Wurzeln. Der Truthahn war bereits bei den mexikanischen Ureinwohnern ein bekanntes Lebensmittel und daran beteiligt, dass die europäischen Eroberer in der neuen Welt überlebten.

In der Putenmast werden, wie auch in der Mast von Hühnern, männliche und weibliche Tiere gemästet.

Ente und Gans

Die beiden sind nah verwandt und zählen, weil sie als Wasservögel einen guten Kälteschutz benötigen, zum fettreichen Geflügel.

Die ganz Kleinen und die ganz Großen

Zuchttauben sind heute vor allem noch in Frankreich beliebt. Hierzulande findet die Taube kaum mehr Fans und das völlig zu Unrecht. Ihr zartes, mageres Fleisch hat einen exzellenten Geschmack.

Dagegen hat Straußenfleisch in den letzten Jahrzehnten zunehmend mehr Liebhaber gefunden – das rötliche Fleisch des riesigen Laufvogels ist von fester, aber dennoch zarter Konsistenz.

Wildgeflügel – Federwild

Als Wildgeflügel werden in Deutschland Fasan, Wildente, Wildgans, Wildtaube, Perlhuhn, Wachtel und Schnepfe bezeichnet.

Wildgeflügel ist eine teure, weil knappe und saisonale Spezialität. Es findet lediglich zu besonderen Anlässen Platz im konventionellen Handel, dann vor allem als Tiefkühlware.

Im Handel und Restaurant zählt auch „halbwildes" Geflügel zum Wildgeflügel. Das sind in Volieren gezüchtete Vögel wie Wachteln, Perlhühner, Rebhühner und Fasane. Fasane werden erst einige Wochen vor der Jagd ausgewildert und werden daher auch als „Halbwild" bezeichnet.

Das meiste Wildgeflügel hat Schlacht- bzw. Jagdsaison von frühestens September bis Januar. Das ist der Zeitraum, in dem man die Spezialitäten in Wildfleischereien und in der Gastronomie frisch bekommen kann. Das übrige Jahr wird Wildgeflügel tiefgefroren im Online-Handel, beim spezialisierten Metzger, bei den regionalen Jägerschaften und – fachgerecht delikat – in der lokalen Gastronomie angeboten.

Die meisten Wildvögel werden am delikatesten im Ganzen zubereitet – das Schmoren im Tontopf ist eine klassische Art, das besondere Geflügel zuzubereiten.

Allem Federwild gemeinsam ist, dass ältere Tiere, die ein eher zähes Fleisch besitzen, wegen ihres ausgeprägten, guten Geschmacks für Fonds, Brühen oder auch Fleischfüllungen verwendet werden.

BBQ EDITION VON RÖMERTOPF®

GEFLÜGEL IM DE-TEIL

Hähnchen teil-weise

Als „Hähnchen" werden sowohl männliche als auch weibliche Tiere bezeichnet. Das klassische Brat- oder Grillhähnchen im Ganzen bringt mindestens 1,5 Kilo auf die Waage, kann aber auch weit über 2 Kilogramm schwer sein. Beliebt sind die Flattermänner darüber hinaus als „halbes Hähnchen" – und natürlich in Teilstücken.

Die **Hähnchenbrust** kannst du im Ganzen, also mit Knochen und den zwei Filetstücken kaufen. Häufiger werden allerdings ausgelöste Brustfilets angeboten, die auch bereits geschnitten sind – etwa zu Hähnchenfiletstreifen oder als Minutenschnitzel. Das Fleisch aus der Hähnchenbrust ist besonders zart, dennoch kompakt und saftig – perfekt zum Kurzbraten, Kochen und Grillen.

Hähnchenschenkel haben ein festes, aromatisches Muskelfleisch. Du kannst sie im Ganzen kaufen oder in Ober- und Unterkeule zerteilt – immer aber mit Knochen. Hähnchenschenkel schmecken gebraten, geschmort und gegrillt hervorragend. Die ohne Federn recht winzigen **Hähnchenflügel** bieten zwar nur wenig Fleisch, sind aber – mit einer spicy Marinade bepinselt, ofengegart oder gegrillt, ein tolles Party-Fingerfood.

Hähnchen – Bezeichnungen im Handel

- Hähnchen/Broiler (jugendliche Tiere)
- Stubenküken (<750 g Schlachtgewicht)
- Maishähnchen (ab 50 % Maisanteil im Futter)
- Suppenhuhn (ausgewachsene Tiere)
- Geflügelklein: Flügel, der Hals und Innereien
- „bratfertig" mit separat verpackten Innereien,
- „grillfertig" ohne Innereien.

Pute perfekt zerteilt

Die Pute/Truthenne bzw. der Truthahn ist ein beliebter Festbraten, z. B. zu Weihnachten oder dem amerikanischen Thanksgiving. Zu diesen Feierlichkeiten wird er gerne im Ganzen und mit einer köstlichen Füllung im Bauch serviert.

Putenkeulen bestehen aus Ober- und Unterschenkel. Du kannst sie im Ganzen schmoren oder ausgelöst als Gulasch zubereiten.

Putenbrust hat sehr helles Fleisch, das beim Garen saftig und zart bleibt. Im Ganzen ergibt die Putenbrust einen leckeren Braten.

In Stücke geschnitten werden daraus Putenschnitzel zum Kurzbraten, Gulasch oder Geschnetzeltes. Pfiffig mariniert, gerne auch am Spieß, schmeckt das Fleisch auch gegrillt hervorragend.

Putenflügel sind ähnlich zu behandeln wie Chicken Wings, lecker mariniert kann man diese einfach im Backofen oder auf dem Grill grillen, garen und genießen.

Pute/Truthahn – Bezeichnungen im Handel

- Junge Pute/Junge Truthenne/Junger Truthahn (jugendliche Tiere; 15–22 Wochen alt)
- Pute/Truthenne/Truthahn (ausgewachsene Tiere; ab 10–12 Monate alt)
- Babypute (9–12 Wochen alt)

Ente – ent-hüllt

Enten sind in Deutschland meist als Zuchtform der „Pekingente" erhältlich und sind **im Ganzen**, am besten gefüllt, ein leckerer Festtagsbraten. Ausgelöste **Entenbrustfilets** sind ein zarter und absoluter Genussgarant – sei es gebraten, gegrillt oder im Ofen geschmort. Und wer es deftig mag, der greift zum **Entenschenkel**, der sich ganz wunderbar würzig und unkompliziert auf dem Grill oder im Ofen zubereiten lässt.

Ente – Bezeichnungen im Handel

Je nach Alter kannst du die Ente als Frühmastente/junge Ente und junge Flugente kaufen – das ist der häufigste Fall. Eine solche Ente lässt sich vielfältig im Topf oder im Ofen zubereiten.

Kurz gebraten in der Pfanne, ist die **Entenbrust** sogar am leckersten. Wenn du eine „Ente" oder „Flugente" erwirbst, ohne den Zusatz „jung", handelt es sich um eine erwachsene Ente. Pekingenten wie auch Flugenten (Barbarie-Enten) wiegen dann bratfertig ca. 2–3 Kilo. Sie möchten auf jeden Fall lange geschmort werden.

Gans – ganz schön lecker

Gänse sind ein traditionelles Herbst- und Winteressen. Klassisch werden sie im Ganzen und gefüllt im Ofen gegart und kommen z. B. als Martinsgans oder Weihnachtsgans auf den Tisch.

Ein beliebtes Teilstück ist die Brust, diese gelingt am besten, wenn ihr den Vogel, schonend und langsam **im Ganzen** gart. Die **Keulen** der Gänse ebenso wie das **Gänseklein** eignen sich für rustikale Schmortöpfe.

Gans – Bezeichnungen im Handel

Im Geschäft findest du vor allem

- Frühmastgänse: Sie sind nicht älter als 3 Monate und wiegen 2–3,4 Kilogramm.
- Junge Gänse: Sie sind bis zu 6 Kilo schwer und höchstens 9 Monate alt.
- Als Hafermastgänse dürfen Gänse bezeichnet werden, die 3 Wochen vor der Schlachtung täglich mindestens 500 g Hafer zu fressen bekommen haben.

ZAUBERSTAB VON RUSSELL HOBBS

BESSER ÖFTER CHICKEN & CO.

POWER-FOOD für Besser-Esser!

In Hühnersuppe steckt der Eiweißstoff Cystein. Der wirkt entzündungshemmend und abschwellend auf die Schleimhäute. Außerdem enthält Hühnersuppe große Menge des Mineralstoffs Zink.

Ratzfatz zubereitet – schmatz, verputzt!

So manches Geflügelstück ist in kürzester Zeit durchgegart. Das geht auf dem Grill oder auch in der Pfanne, z. B. mit Hähnchenunterkeulen, Putenschnitzel, Hähnchenbrust, Chicken Wings – einfach ausprobieren!

Von 100g Geflügelfleisch sind rund 20g hochwertiges Eiweiß. Es sättigt gut ohne dick zu machen und liefert reichlich Bausteine, die zum Aufbau von Muskeln, Haut und zum Erhalt unserer Organe benötigt werden.

MIXER VON RUSSELL HOBBS

Kalorien-Minus, Genuss-Plus, starke Adern und gutes Herz

Geflügelfleisch ist von Natur aus fettarm, aber reich an ungesättigten Fettsäuren. Deshalb trägt es dazu bei, Herzkreislauferkrankungen vorzubeugen. Ebenso verhält es sich bei dem Fleisch von Ente und Gans.

Alles Hähnchen oder was?

So einvernehmlich Jung und Alt, Dick und Dünn, Freak und Banker den Daumen hochhalten für ein prima Stück Hähnchen auf dem Teller, so uneins sind sich die Deutschen, wenn sie das Federtier, das sie so gern genießen, beim Namen nennen:

Im Nordwesten und Westen Deutschlands (auch in Teilen Baden-Württembergs) ist **Hähnchen** das übliche Wort. In Ostdeutschland heißt es auch Jahrzehnte nach der Wiedervereinigung noch überwiegend **Broiler**.

Im Süden Deutschlands heißt das Hähnchen, im jeweiligen Dialekt liebevoll **Hendl** (Oberbayern) oder **Hähnle/Hennele** (Teile Badens und Frankens).

Möchte man in Schwaben, Franken und der Oberpfalz ein Hähnchen auf dem Teller, fragt man nach einem **Gockel**. Wahlweise verkleinert, beispielsweise zu **Gockerl**, **Göckele**, **Gickerl**.

Quelle: Elspaß, Stephan & Robert Möller. 2003ff. Atlas zur deutschen Alltagssprache (AdA). Open-Access-Publikation: <www.atlas-alltagssprache.de>

In Deutschland kaufen wir es zumeist als „Hähnchen" ...

... und damit ist das männliche oder weibliche Huhn gemeint, das in der Küche landet.

Hier eine Auswahl an Namen, die unsere Nachbarn für das Huhn haben:

In Frankreich kauft man **poulet**, in Italien und Spanien **pollo**.

In englischsprachigen Ländern isst man **chicken**,

in den Niederlanden **kip** und in Dänemark **kylling**.

In Polen und Tschechien nennt man das Hähnchen **kurczak** bzw. „**kuře**".

In der Schweiz lässt man sich **Güggeli** schmecken, in Österreich **Hendl**, womit wir sprachlich wieder nah beim **Hähnchen** sind.

Hybridhuhn/Zweinutzungshuhn

Bei der ursprünglichen, bäuerlichen Hühnerhaltung vermehren sich die Hühner auf natürliche Weise auf dem Hof, die Hennen legen Eier – auch für die Menschen. Von Zeit zu Zeit werden Hähne und Hennen geschlachtet und landen auf dem Markt oder direkt im Kochtopf der Hühnerhalter.

Sulmtaler Huhn

Für diese traditionelle Art der Hühnerhaltung braucht es vielseitige Hühner: solche, die sich sowohl als Legehuhn als auch zur Mast eignen. Solche Hühnerrassen, die etwas weniger Eier legen, andererseits aber auch gutes Fleisch liefern, werden Zweinutzungshuhn genannt.

Vorwerkhuhn

Es handelt sich um, aus meist alten Rassehühnern gezüchtete Tiere, die auf landwirtschaftlichen Betrieben und in privater Haltung genutzt und dort auch vermehrt werden können.

Sogenannte Hybridhühner dagegen, sind entweder auf Legelistung ODER Fleischansatz gezüchtet. Sie eignen sich besonders für eierproduzierende landwirtschaftliche Betriebe in großen und kleineren Haltungen. Bei einer Vermehrung erhält man bei diesen Tieren nicht die Eigenschaften der Eltern, daher sind sie für Nachtzuchten nicht geeignet.

Bresse-Huhn

Beispiel für Rassegeflügel und Zweinutzungsrassen, für die es inzwischen wieder Zuchtprojekte gibt, sind:

- Gelbe Ramelsloher (aus der Nähe von Hamburg),
- Mechelner (Belgien/Flandern),
- Vorwerkhuhn (aus Hamburg),
- Sulmtaler Huhn (Österreich/Steiermark),
- Bresse-Huhn (Frankreich).
  Dieses weiße Huhn ist speziell an seinen blauen Ständern (Füßen) zu erkennen und eindeutig zu identifizieren. Es darf in Deutschland nur unter dem Namen vermarktet werden, wenn es sich um ein original aus Frankreich stammendes Tier handelt.

Beispiel für Hybriden: Lohmann Brown

GEFLÜGEL-TRANSPARENZ

HÄHNCHEN UND CO. MÜSSEN IM KÜHLREGAL ZIEMLICH VIEL PREISGEBEN. GUT SO! UND NOCH BESSER, WENN WIR GEFLÜGELVERNARRTEN DIE KENNZEICHNUNGEN AUCH VERSTEHEN.

Das muss aufgeschrieben sein

– übrigens auch an der Frischtheke im Supermarkt:

- ***Bezeichnung der Geflügelart oder der Teilstücke:*** z.B. „Maishähnchen“, „Putenbrust“ oder „Hähnchenschenkel“

- ***die sogenannte Herrichtungsform:*** z.B. „teilweise ausgenommen“, „ohne Innereien“, „bratfertig/grillfertig“

- ***Gewicht/Kilogrammpreis/Preis***

- ***Handelsklasse:*** Hier geht es um die Bewertung des geschlachteten Tiers. „A“ ist die beste Qualität Geflügelfleisch, auch Teilstücke oder daraus hergestellte Produkte, das du in Deutschland kaufst, ist immer Handelsklasse A.

- ***der Angebotszustand:*** „frisch“ oder „tiefgefroren“.

Davon abhängig ist auch die ***Haltbarkeit.*** Bei ***abgepacktem Geflügel*** aus der Kühltheke findest du den Aufdruck „zu verbrauchen bis ...“ auf dem Etikett. Geflügel ist ein empfindliches, leicht verderbliches Lebensmittel, darum gibt es zusätzlich zum Datum noch den Hinweis, dass das Fleisch bei kalten 2 °C im Kühlschrank gelagert werden muss. Nach dem angegebenen Verbrauchsdatum soll das Fleisch nicht mehr gegessen werden.

Bei ***tiefgefrorener Ware*** ist auf der Verpackung das Mindesthaltbarkeitsdatum „mindestens haltbar bis ...“ angegeben. Zusätzlich sind die Temperaturbedingungen genannt, für die das gilt (-18 °C). Nach dem Kauf kühl und rasch transportiert, dann zuhause richtig gelagert, kann TK-Geflügel durchaus auch noch nach dem aufgedruckten Mindesthaltbarkeitsdatum verzehrt werden. Das Wort „mindestens“ ist also wortwörtlich zu nehmen (s. Kasten S. 32).

- ***Land der Aufzucht bzw. Ursprung:*** Diese Angabe muss aber leider nicht unbedingt erhellend sein, denn sie darf beispielsweise auch so lauten: „Aufgezogen in mehreren Mitgliedstaaten der EU“ oder „Aufgezogen außerhalb der EU“.

- ***das Identitätskennzeichen:*** Damit kann jeder Käufer und Geflügelgenießer nachvollziehen, wo sein Hähnchen zuletzt verarbeitet wurde, bevor es in den Handel kam. Aufgedruckt auf der Verpackung ist in einem Oval, die Nummer des Schlacht-/Verarbeitungsbetriebes mit Kennbuchstaben für das Land, ggf. Bundesland und Nummer des Betriebes .

DE
HH 00000
EG

Identitätskennzeichen Mit diesen Buchstaben und Zahlen kann jeder im Internet leicht herausfinden, wo sein Geflügelprodukt zuletzt bearbeitet oder verpackt wurde. Haken an der Sache: Die ursprüngliche Herkunft des Geflügels ist daraus nicht abzulesen.

Aus Deutschland!

Der Herkunftsnachweis
Die drei bis fünf „D“ auf der Verpackung

Geflügel wächst hierzulande unter strengen Tierwohl- und Erzeugungs-Verordnungen auf, und deren Einhaltung wird gut kontrolliert. Wenn dir das beim Geflügelgenuss wichtig ist, dann achte beim Kauf von verpacktem Geflügel auf die „D“s.

Im besten Fall hast du es mit fünf Mal „D“ zu tun – so gesehen beispielsweise auf einem TK-Cordon-bleu aus Hähnchenfleisch:

▸ Geflügel aus Deutschland:
· Elterntiere
· Geburt
· Futtermühlen
· Aufzucht
· Schlachtung

Quelle: Deutsches-Geflügel.de

Bei 5 D befinden sich sämtliche Produktionsstufen in Deutschland

VERBRAUCHSDATUM VS. MINDESTHALTBARKEITSDATUM

- Sehr leicht verderbliche *frische* Lebensmittel werden mit dem Verbrauchsdatum gekennzeichnet. Das bedeutet: Der Tag, der aufgedruckt ist, ist der letzte an dem du das Lebensmittel essen solltest. Denn frischer Fisch, Geflügel sowie Fleisch, können bereits nach kurzer Lagerzeit eine Gesundheitsgefahr für uns darstellen, da sich dort Keime unheimlich rasch vermehren.

- *Verpackte und daher lagerfähige* Lebensmittel wie Joghurt, Räucherfisch oder auch TK-Geflügel bekommen ein Mindesthaltbarkeitsdatum (MHD) verpasst. Richtige Lagerung vorausgesetzt, ist das Produkt in den meisten Fällen auch nach dem angegebenen MHD einwandfrei und kann bedenkenlos gegessen werden.

Hier gilt: Vertraue deinen Sinnen

1. *Sehen* – Schau dir das Lebensmittel rundum an – erst in der Verpackung. Prüfe dabei auch, ob die Verpackung intakt ist. Wenn nicht, sei bei der weiteren Prüfung besonders aufmerksam: Achtung bei Verfärbungen, ungewohntem Aussehen!

2. *Riechen* – Das ist der zweite Schritt! Die Riechprobe funktioniert bei Gefrorenem natürlich nur nach dem Auftauen. (Hinweise, wie du Geflügel fachgerecht auftaust, gibt's auf Seite 46.) Auch aufgetautes Geflügel sollte nicht unangenehm riechen.

3. *Schmecken* – Die Geschmacksprobe machst du natürlich nur, wenn das Lebensmittel optisch in Ordnung ist. Und dann: Vertraue deiner Zunge!

- Eine Geschmacksprobe funktioniert auch bestens bei Lebensmitteln, die gar kein MHD tragen, zum Beispiel bei Früchten, bei Frischgemüse oder auch Wurst vom Metzger. Schmeckt es säuerlich, muffig oder einfach untypisch für das Lebensmittel, dann Finger weg!

Das MHD gilt nur für die ungeöffnete Verpackung. Nach dem Öffnen der Verpackung – und sei es auch nur eine versehentliche Verletzung der Folie, einer Aluabdeckung oder eines Plastikbechers gilt: rasch genießen. Denn jetzt können Sauerstoff, Feuchtigkeit und Mikroorganismen dafür sorgen, dass das Lebensmittel beschleunigt verdirbt. Das Gleiche gilt natürlich auch für angebrochene Verpackungen, etwa bei Geflügelwurst: Diese dann innerhalb kurzer Zeit verbrauchen.

Orientierung im Siegel-Dschungel

Immer mehr Verbraucher legen Wert darauf, dass ihr Geflügelfleisch aus einem Land mit hohen Tierwohl- und Erzeugungsstandards kommt. Wie diese Siegel aussehen können, zeigen wir hier:

Worauf wir warten: eine verbindliche STAATLICHE Tierwohlkennzeichnung auch für Geflügel.

Die ersten mit einem staatlichen Siegel versehenen Produkte werden frühestens im Jahr 2020 in den Handel kommen. Das betrifft zunächst nur Schweinefleisch. Dieses Tierschutzsiegel soll allerdings für die Fleischwirtschaft freiwillig sein. Das bedeutet momentan auch für Geflügel, dass der Staat – sollte das Siegel auch für Geflügel eingeführt werden – nicht garantieren kann, dass jedes Huhn oder jede Pute in Deutschland tierwohlgerecht aufwächst.

So müssen sich alle Geflügelliebhaber wohl noch über Jahre hin an einer Vielzahl von Siegeln unterschiedlicher Unterstützer orientieren. Diese Siegel können momentan – mangels einheitlicher Alternative – noch am besten dazu beitragen, dass du dich – beim Kauf eines anonymen Produkts im Supermarkt – immerhin bewusst für eine bestimmte Art der Tierhaltung oder der Lebensmittelerzeugung entscheiden kannst.

Hier einige wichtige Siegel:

Biologisch nach EU-Kriterien
Seit 2010 müssen alle verpackten Bioprodukte aus der EU dieses Zeichen tragen. Was die wenigsten wissen, dass dieses Siegel das ältere deutsche Bio-Siegel ablösen sollte.

Das deutsche Bio-Siegel ...
gibt's schon seit 2001, die Kriterien sind vergleichbar mit denen des EU-Siegels. Es ist aber bekannter und wird von vielen Herstellern daher gerne zusätzlich verwendet.

„Ohne Gentechnik"
Dieses Logo gibt es seit 2009 in Deutschland. Es garantiert bei Geflügelfleisch, dass die Hähnchen, Puten usw. mindestens zehn Wochen vor der Schlachtung gentechnikfreies Futter fressen konnten.

Das QS-Prüfzeichen
Dieses Zeichen können alle frischen Lebensmittel wie Fleisch, Geflügel, Wurst, Obst und Gemüse tragen. Verbrauchervertreter bewerten das QS-Prüfzeichen als Gewährleistung, dass gesetzliche Standards eingehalten werden, eine Art TÜV-Plakette für Lebensmittel.

Für regionale Siegel gibt es keine einheitlichen Kriterien. Damit ist leider nicht sicher nachvollziehbar, ob das Geflügel auch tatsächlich aus deiner Heimatregion stammt. Wenn du darauf Wert legst, dann solltest du beim Metzger deines Vertrauens nachfragen oder auch auf einem Geflügelhof in deiner Nähe. Hör dich um und frag nach, auch in den Restaurants vor Ort, die du gerne besuchst, so kommst du näher ran an deine Von-Nebenan-Martinsgans, die Festtagspute von ums Eck oder eben dein erstens regionales und zweitens so mächtig lecker zubereitetes Hähnchen.

Das Tierwohl-Siegel
Es wird vergeben von der branchenübergreifenden „Gesellschaft zur Förderung des Tierwohls in der Nutztierhaltung mbH" und zeichnet derzeit Schweine- und Geflügelfleisch aus. Wichtige Tierwohl-Bedingungen bei Geflügel sind:

- Mehr Platz im Stall: Die Tiere haben 10 % mehr Platz im Stall als gesetzlich vorgeschrieben.

- Mehr Beschäftigungsmöglichkeiten: Die Tiere können besser ihrem natürlichen Spieltrieb nachkommen, weil die Landwirte ihnen z. B. Stroh oder Picksteine zur Verfügung stellen – oder auch einmal eine ausgediente Jeanshose am Haken, an der z. B. Puten ziehen, rupfen und zwicken können.

- Dokumentation der Grundbedingungen: Solange die Tiere im Betrieb leben, wird rundum dokumentiert, z. B. die tierschutzgerechte Haltung, die Hygienemaßnahmen sowie Daten zur Gesundheit der Tiere.

Das Geld für diese Maßnahmen stammt aus dem Einzelhandel, der für jedes verkaufte Kilo Schweine- und Geflügelfleisch und daraus hergestellter Wurst 6,25 Cent an die Initiative abgibt.

Für mehr Tierschutz
Bereits seit 2013 bietet der Deutsche Tierschutzbund Hilfestellung beim Einkauf von Fleisch aus tiergerechterer Erzeugung. Das Label „FÜR MEHR TIERSCHUTZ" gibt es in zwei Varianten: Einstiegsstufe und Premiumstufe. Für Hähnchenfleisch wird derzeit nur die Einstiegsstufe vergeben, schon diese liegt bereits deutlich über den gesetzlichen Mindeststandards.

Nicht blenden lassen!
Viele Bezeichnungen auf der Verpackung von Hähnchen und Co. klingen zwar positiv, sind vom Gesetzgeber aber nicht definiert. Begriffe wie „tiergerecht", „artgerecht" und „bäuerlich" sind Auslegungssache.

Doch die gesetzlichen Vorgaben sollten für jeden Tierhaltungsbetrieb selbstverständlich sein – ganz gleich, ob das erzeugte Fleisch mit Begriffen wie „tierschutzgerecht" beworben wird oder nicht.

KLEIN, GELB UND FLAUSCHIG, MÄNNLICH, UNERWÜNSCHT!

BRUDERHAHN-INITIATIVEN

Im Einzelhandel findest du inzwischen mehr und mehr Eier aus „Bruderhahn-Aufzucht". Diese Initiativen aus der Legehennenzucht haben unterschiedliche Namen, allen gemeinsam ist: Es werden aus den bebrüteten Eiern, aus denen – aus Sicht der Eierwirtschaft – am besten nur Legehennen schlüpfen sollen, auch die männlichen Küken aufgezogen.

Hintergrund: Legehennen werden ausschließlich für eine hohe Legeleistung gezüchtet. Um ihr Fleisch geht es kein bisschen. Entsprechend setzen auch die Brüder dieser Hühner nur sehr wenig Fleisch an. Und Eier legen können sie auch nicht!

Das hat dazu geführt, dass die kleinen Brüder der weiblichen Küken bereits am ersten Tag nach dem Schlüpfen aussortiert und getötet werden. In Deutschland werden jährlich etwa 45 Millionen Legehennen-Brüder getötet.

Neue Ansätze des Aussortierens betreffen die Bestimmung des Geschlechts der Küken bereits im Ei, sodass die Eier mit den männlichen Embryonen z. B. in die Futtermittelindustrie gehen können. Außerdem wird verstärkt auf Bruderhahn-Initiativen gesetzt, also auf das Mästen des Geschwisterhahns der Legehenne bis hin zum vollwertigen Lebensmittel.

Besser so!

Die Brüder sollen nicht sinnlos getötet werden – nicht im Ei, nicht direkt nach dem Schlüpfen. Männliche Küken sind KEIN ABFALL, das ist das oberste Anliegen der Bruderhahn-Initiativen. Auch sie dürfen leben, auch sie sind ein gutes Lebensmittel für uns.

Bei den Bruderhahn-Initiativen wird die Mast der Hähne durch den Verkauf der Eier „gesponsert". Die Eier sind um einige Cent teurer als konventionelle Eier, und dank dieses zusätzlichen Ertrages können die Bruderhähne mit aufgezogen werden.

Mein-Bruderhahn.de

Die Bruderhähne sind mir ein sehr großes Anliegen. Ich kann einfach nicht einsehen, dass eine Sorte Hühnernachkommen gar nicht erst aufwachsen darf – nur weil sie keine Eier legt.

Hähne werden nie Eier legen, so viel ist klar. Na und! Sie sind von ihren Eltern gezeugt, von der Mutterhenne gelegt worden. Sie sind einfach da. Mehr Grund braucht es nicht, um ihr Leben zu rechtfertigen.

Einen sehr schönen Ansatz des Respekts gegenüber jeglichem Leben hat meiner Meinung nach das Projekt „Mein Bruderhahn", initiiert vom Bio-Geflügelhof Südbrock in Rheda-Wiedenbrück.

Der Betrieb produziert nach Demeter-Richtlinien und hat ein Konzept entwickelt, wie die Brüder von Legehennenküken eine Chance bekommen können.

Anlass für das besondere Bruderhahn-Konzept des Bio-Geflügelhofs Südbrock war die Ankündigung, dass das Töten von Küken gesetzlich in Deutschland ab dem Jahr 2021 verboten werden soll.

Der Demeter-Aufzuchtbetrieb stellt den Ablegebetrieben (Legehennenbetrieben) prinzipiell 3 Möglichkeiten zur Wahl, um an das Bruderhahn-Siegel zu kommen, mit dem sie ihre Eier auszeichnen.

Quelle: mein-bruderhahn.de / Illustration: Thomas Junglas

Der Betrieb, in dem die Legehennen leben und legen:

1. zieht männliche Küken mit auf – und zwar genauso viele, wie er Legehennen kauft.

2. lässt die Brüder seine Legehennen in anderen Aufzuchtbetrieben unter Kostenbeteiligung aufziehen.

3. kauft Bruderhahn-Produkte und setzt diese selbst ab, z. B. im Hofladen, in Partnerbetrieben, in Verkaufs-Automaten im ländlichen Raum.

Verkauft werden unter anderem haltbare Fertigprodukte wie z. B. Geflügelbrühe, Geflügelwurst, Hähnchenfrikassee und Geflügelbolognese.

Der Betrieb, in dem die Legehennen leben und legen, beteiligt sich finanziell an der Aufzucht der Bruderhähne in anderen Betrieben.

Ich hoffe, solche Konzepte setzen sich schnell und flächendeckend durch, das wäre ein großer, wichtiger Schritt in Richtung tierwohlgerechte Aufzucht.

Und wenn ihr jetzt fragt, was ihr mit einem frisch gekauften Bruderhahn selbst in der Küche anfangen könnt: Ich habe für euch drei richtig geile Bruderhahnrezepte zum Nachkochen kreiert (ab S. 132).

Rock'n'Roll!

Euer Timo

Timo Hinkelmann

RAN AN DIE FLATTERMÄNNER

GEFLÜGEL KANN SO ELEGANT DAHERKOMMEN WIE ZART GEGARTES SCHWEINEFILET, SO KRUSTIG-ÜPPIG WIE EIN SCHWEINEBAUCH UND SO DERB-BÄUERLICH WIE EINE HAXE. GLAUBT IHR NICHT? ZEIG ICH EUCH! UND DAS GENAU IST MEINE ANTWORT AUF DIE FRAGE: WARUM DAS HUHN? — DARUM DAS HUHN!

Federvieh ist das Schwein des kleinen Mannes

Ja, ganz im Ernst – so seh ich das!
Das Hähnchen ist aus unserer Küche nicht mehr wegzudenken, denn es ist seit Jahrtausenden bekannt in Jedermanns-Küche, aber auch wichtiger Bestandteil der Gourmet-Küche weltweit.

Ich kenne kein Fleisch, das so vielfältig zubereitet und genossen werden kann. Genau deshalb sind die Flattermänner auch aus meiner Küche nicht mehr wegzudenken. Chicken ist viel, viel mehr als halber Hahn und Nuggets.

Die zahlreichen Aufenthalte als TV-Experte in vielen Ländern haben mir gezeigt, wie individuell und saulecker das Geflügel zubereitet werden kann. Ob Fast Food oder Haute Cuisine – vielseitig und einfach nur lecker!

CHICKEN SCHMECKT AUF TAUSEND UND EINE ART! MEINE REZEPTE GIBT'S AB SEITE 58

Das Hähnchen ist nicht nur bei Hausfrauen und Hobbyköchen beliebt, weil es so einfach zuzubereiten ist, sondern auch bei Profiköchen und Grillexperten, die ihre Kreativität mit diesem vielfältig einsetzbaren Produkt ausleben können.

Hähnchenfleisch enthält:

- **Mineralstoffe wie Eisen, Kalium, Magnesium, Zink**
- **die energieliefernden Nährstoffe Eiweiß, Fett – KEINE Kohlenhydrate**
- **die B-Vitamine Niacin, Pyridoxin und B_{12}.**
  Niacin und Pyridoxin helfen, dass die aufgenommenen Nährstoffe im Körper optimal verwertet werden können. Vitamin B_{12} ist entscheidend für ein energiegeladenes Wohlbefinden.

Aus dem Laden in die Küche

Frisches Geflügelfleisch ist ein tolles, aber auch ein empfindliches Lebensmittel: Bring dein Hähnchen, deine Putenkeule oder die Entenbrust nach dem Kauf möglichst rasch nach Hause (Kühl-Plastiktüte!) und sorge dafür, dass das Geflügel dort schnell wieder gut gekühlt wird. Also ab in den Kühlschrank!

Aus dem Kühlschrank in den Topf

Geflügelfleisch in der Küche – beste Behandlung für einen Wumms an Genuss

Waschen!

Und zwar nicht das Geflügelfleisch! Sondern alles andere.

Vor und während der Küchenarbeit regelmäßig die Hände mit Seife waschen – vor allem beim Wechsel vom Fleisch zu anderen Tätigkeiten. Benutzte Küchentücher nicht weiterverwenden und bei mindestens 60 °C waschen.

Schneidebretter, Messer und andere Küchenwerkzeuge nach jedem Kontakt mit rohem Fleisch – ganz gleich, ob Geflügel oder anderes Fleisch – gründlich mit heißem Wasser und Spülmittel abwaschen. Arbeitsbretter und Fleischgabeln können natürlich auch direkt in die Spülmaschine gepackt werden.

Tupfen?

Es spricht nichts dagegen, Geflügel vor der Zubereitung, z. B. dem Marinieren, dem Anbraten, dem Grillen, abzutupfen. Nimm dafür am besten Papier-Küchentücher, die danach ohne Umwege in den Mülleimer wandern.

Mariniertes Fleisch hingegen kann ohne Umwege direkt in die heiße Pfanne oder auf den Grill.

Kreativität und Sorgfalt vs. Chaos!

Während der Küchenschlacht den Kontakt von rohem Geflügelfleisch mit allen anderen Lebensmittel gänzlich vermeiden.

Well done!

Gut gemacht! Die meisten Geflügelsorten werden anders als z. B. Rinderfleisch, aus hygienischen Gründen nur durchgegart gegessen! Gut so, denn das zarte Fleisch nimmt dir das Durchgaren keineswegs übel, erst recht nicht, wenn es mit der Haut bruzzelt oder vorher mariniert wurde.

Ob dein Geflügel schon durchgegart ist, kannst du daran erkennen, dass aus dem Fleisch beim Einstechen ausschließlich farbloser Fleischsaft austritt und das Fleisch keine rosa Stellen aufweist. Bei größeren Geflügelstücken, wie ganzem oder halbem Geflügel oder Putenbrust/Entenbrust im Ganzen, sollte die Kerntemperatur bei 70 °C liegen. Überprüfen kannst du das am besten mit einem Fleischthermometer.

IN DEN KÄLTESCHLAF VERSETZT

Des Genießers Freude, des Lageristen Leid:
Frisches Geflügelfleisch als naturbelassenes, unbehandeltes Lebensmittel ist nur wenige Tage im Kühlschrank haltbar. Einfrieren ist daher eine praktische Möglichkeit, Geflügelfleisch länger haltbar zu machen. Frisch gekauftes Hähnchen- oder Putenfleisch verpackt man vor dem Einfrieren am besten in einem Gefrierbeutel. So ist auch noch nach Monaten genießbar.

AUS DEM EIS AUF DIE ARBEITSPLATTE

TK-Geflügel muss vor der Zubereitung komplett aus dem Eisschlaf geweckt werden – das braucht viel Zeit, vergiss das nicht bei der Menüplanung!

Hier die Auftau-Anleitung:

- Verpackung entfernen und das Fleisch in ein Sieb legen, dieses in eine Schüssel hängen – achte auf Abstand zwischen Fleisch und Schüsselboden!

- Sieb mit Schüssel abgedeckt in den Kühlschrank stellen. Hier taut das Fleisch langsam auf. Die Auftauflüssigkeit tropft in die Schüssel ab, ohne das Fleisch zu berühren. Für die benötigte Zeit zum Auftauen gibt es eine Richtschnur (s. Kasten).

Faustregel zur Auftauzeit: Pro 500 Gramm Geflügelfleisch rechnest du für das Auftauen im Kühlschrank etwa 5 Stunden. Plane also für ein ganzes tiefgefrorenes Hähnchen gut 24 Stunden Auftauzeit ein.

Auf komplett aufgetautem Fleisch kannst du keine Eiskristalle oder Frost mehr sehen. Die Konsistenz des Fleisches ist weich. Bei einem ganzen Hähnchen geht es allerdings auch um das Innere: Fühle in die Bauchhöhle des Hähnchens, auch dort sollten keine Eiskristalle mehr spürbar sein.

- Die Auftauflüssigkeit vorsichtig und spritzfrei (und damit hygienisch) wegschütten.

Jetzt kann das aufgetaute Geflügel genauso wie Frischgeflügel zubereitet und genossen werden.

Tipps und Tricks

Gebraten wird bei hohen Temperaturen in heißem Fett/Öl – in der Pfanne oder im Backofen. Bei der starken Hitze bildet sich rasch eine braune Kruste, die den Fleischsaft gut im Inneren des Stücks hält.

GA-GA-GANZ GAR! VIELE GARWEGE FÜHREN ZUM ZIEL: PURER GEFLÜGELGENUSS!

- **Pfannenbraten/Kurzbraten ist besonders gut geeignet für: Geflügel(teile) mit Haut wie Hähnchenschenkel, Flügel, Brust mit Haut**

- **Braten im Ofen ist besonders gut geeignet für: Flügel, Schenkel oder Tiere im Ganzen**

TÖPFE, PFANNEN, WOK VON HIFFICIENCY®

Grill und Chicken - die perfekte Kombi

Heiß, schnell und vielfältig: Ob mariniert oder unbehandelt, die Flattermänner lassen sich lecker auf dem Grill zubereiten.

! Frische Geflügelteile auf eine Aluschale legen, mit Marinade, gewürztem Öl oder Saucen auch während des Grillens bestreichen. So wird das Fleisch besonders zart und aromatisch.

! Auch ein ganzes Hähnchen gelingt hier perfekt. Ob am Spieß oder auf einer Aludose „sitzend". Besonders aromatisch schmeckt es, wenn es auch innen mit Marinade bestrichen wird.

! Das Hähnchen vor dem Grillen plattieren, so kannst du es auf dem Rost grillen und es ist viel schneller gar als im Ganzen am Spieß gedreht.

DURCHGEGART?

Laut offizieller Empfehlung ist Geflügel gar, wenn die Kerntemperatur 70 Grad beträgt. Das Fleisch muss dann durchgehend weiß sein – auch rund um die Knochen.

Doch was ist eigentlich des Geflügels Kern? Wohin sollen wir piksen? – Gemessen wird an der dicksten Stelle.

Dämpfen

Die Temperaturen liegen hier niedriger als beim Braten oder Grillen. Dennoch kann das Fleisch sicher durchgaren. Beim Dämpfen liegt das Gargut in einem Sieb ÜBER siedendem Wasser, also nur im heißen Wasserdampf. Während des Garens ist der Deckel bzw. der Dampfgarer verschlossen.

Der aufsteigende Wasserdampf sorgt dafür, dass das Fleisch schön saftig bleibt und ist somit eine nährstoffschonende Garmethode.

▸ **Geeignet für Geflügelfleisch ohne Haut und Knochen**

Dünsten

Hierbei gibt es mehrere Möglichkeiten:

- Dünsten in Eigensaft
- Dünsten unter Zugabe von Fremdflüssigkeit
- Dünsten unter Zugabe von Fett

▸ **Geeignet für kleines ganzes Geflügel und Geflügelstücke, v. a. die Brust**

! Ein Teil der Nährstoffe und des Geschmacks gehen beim Dünsten in die Flüssigkeit über. Diese eignet sich perfekt für die Basis einer Sauce oder Suppe.

Kochen und Simmern/Ziehen lassen

In der Küchenfachsprache ist das Kochen eine Gartechnik, bei der Lebensmittel in kochender Flüssigkeit gegart werden. Zugedecktes Garziehenlassen findet bei sanft wallender Flüssigkeit und bei Temperaturen von unter 100 °C statt. Es soll empfindliches Fleisch vor dem Zer-Kochen bewahren und Nährstoffe bestmöglich erhalten.

▸ **Geeignet für: Hühnerklein, Putenteile, Geflügelfrikassee und -ragout**

Schmoren

Schmoren ist ein kombiniertes Garverfahren, bei dem das Gargut zunächst angebraten und anschließend in siedender Flüssigkeit weitergegart wird.

Beim Anbraten entstehen geschmackvolle Aromastoffe, die den wesentlichen Geschmack des Schmorgerichtes ausmachen.

▸ **Geeignet für: ganzes Hähnchen, Hähnchenschenkel, Putenteile, Wildgeflügel im Ganzen, Bruderhähne**

! Die aromatisch-würzige Schmorflüssigkeit unbedingt als Basis für die Sauce verwenden.

Methode	Temperatur	Was passiert wie?	Welches Geflügel für welches Gericht?	Vorteile
Kochen und Simmern	ca. 80–100 °C	relativ langsames Garen in Flüssigkeit im Topf	Hühnerklein, Wildgeflügelklein, Putenteile, Hühnerfrikassee und Ragout (u. a. auch von Wildgeflügel)	Nährstoffe und Geschmack bleiben relativ gut erhalten, ein Teil der Nährstoffe geht in die Garflüssigkeit über
Dämpfen	100 °C	im Wasserdampf im Dämpfeinsatz/ Dampfkochtopf/Dampfgarer	zerkleinertes Geflügel aller Art (ohne Haut!) für Frikassee und Eintöpfe	kurze Garzeit; geringer Nährstoffverlust, auch deshalb, weil nichts ausgelaugt wird
Dünsten	100 °C	im Backofen im geschlossenen Topf garen oder in Alufolie eingewickelt	zartes Geflügelfleisch (Brust) ohne Haut, auch mit Gemüse	Nährwert und Geschmack bleiben erhalten; Fleisch ist saftig und leicht verdaulich; ideal für Diätkost
Schmoren	100–150 °C	mit Fett im Bräter anbraten, mit Flüssigkeit übergießen, fertiggaren auf dem Herd oder im Backofen	Putenteile, alle Arten von ganzem Geflügel, z. B. Burgunder-Hähnchen	fettreicher und damit etwas schwerer verdaulich als gedünstetes Fleisch; ergibt gute Saucen
Braten im Ofen	180–250 °C	im Backofen bei trockener Hitze	(größere) Geflügelteile, ganze Hähnchen, Puten, Enten	Kruste bildet sich und Saft kann nicht ausfließen
Kurzbraten	180–200 °C	in der Pfanne, offen, mit wenig heißem Fett	alle Geflügelteile, idealerweise mit Haut oder mariniert	Röststoffe erhöhen Geschmack; Saft bleibt erhalten
Grillen	ca. 350 °C	auf dem Grill, vorher mit Öl bestreichen/ marinieren	Hähnchen, Poularde, Geflügelteile, mit und ohne Haut	kurze Garzeiten; Grillgut bleibt daher (und auch wegen der Umhüllung durch Haut und/oder Marinade) saftig

TIMOS CHICKEN-REZEPTE

GEFLÜGEL-KULINARISCHE WELTREISE

CHICKEN RULE THE WORLD

MEINE GEFLÜGEL-KULINARISCHE WELTREISE

Mit dem Huhn um den Globus

Wir starten mit Deutscher Cross-Over-Küche: biermarinierten Schenkeln, knusprig gegrillt. Das macht direkt Lust auf mehr? Na, dann ab in die weite Welt ...

... besser gesagt Richtung Westen, in die Neue Welt:

Hähnchen auf Amerikanisch kann sooo geil sein! Entdecke meine Chicken-Interpretationen, wie die Wings mit feuriger Tomatensalsa (S. 62) oder mein BBQ-Chicken (S. 64). Sei neugierig auf mein Pulled Chicken (S. 60) und lass dich auf meine Südstaaten-Geflügel-Versionen ein: Spicy-Chicken-Jambalaya (S. 70) oder Dirty-Chicken-Rice (S. 72). Da fehlt nur noch die Terrasse mit Blick auf den Mississippi!

Hähnchenschenkel aus dem Ofen mit Süßkartoffelspalten, Pfeffer, Zimt, Piment, Nelke und Chili. So holen wir uns das Karibik-Feeling nach Hause auf den Teller (S. 68).

Die Reise geht also weiter Richtung Mexiko: Viel Spaß und guten Hunger mit meinem Tex-Mex Chicken-Chili (S. 74), wünsche ich euch! Oder mögt ihr's lieber einfach, schnell und scharf. Dann ist das Chicken mit Nachos und Käse überbacken die perfekte Alternative (S. 78)!

Und dass ein Wrap-Gericht bei mir auch ganz und gar ungerollt daherkommen kann, beweise ich mit meinem Männer-Wrap (S. 76).

Lasst uns jetzt aber auch mal ein bisschen asiatisches Feeling einfangen ...

Fernöstliche Klassiker wie das Orangen-Hühnchen oder Hühnchen süß-sauer wurden von mir neu interpretiert. Na, Appetit bekommen? Schau einfach auf den Seiten 80 und 82 nach.

Geflügel und fruchtige Aromen kennen wir aus der indischen und südostasiatischen Küche:

Kürbis-Mango-Chutney (S. 84) lässt sich prima auf Vorrat kochen und passt zu gebratenem Geflügel aller Art. Hähnchen mit exotischen Früchten sind immer wieder schnell gespießtes, sommerlich-leichtes Grillfood (S. 88).

Ein wahrer Indien-Klassiker ist das Tandori-Hähnchen (S. 91), das vor dem Garen – in meinem Fall Grillen – mit einer Joghurt-Gewürzpaste mariniert wird, die es in sich hat. Chili, Kreuzkümmel, Koriander, Ingwer, Zwiebeln und Knoblauch sorgen für ein wirklich spektakuläres Geschmackserlebnis!

Natürlich haben auch unsere Nachbarländer und wir abgefahrene Chicken-Gerichte!

Die spanische Küche beispielsweise kann ganz hervorragend mit Geflügel. Mein Gericht Chicken An(ders)louse (S. 92) oder auch das Crazy-Chicken (S. 95) werden euch davon überzeugen.

Auch die französische Küche ist dem Huhn sehr zugewandt:
Ein Frikassee sowie eine haselnussgebutterte Hähnchenkeule auf zartem Brokkoli stehen hier für die feine französische Küche (Rezepte auf S. 96 und 99).
Frankreich kann aber auch rustikal. – Was wäre dieses Land ohne seine Quiches? Zum Nachbacken und genüsslichem Sattessen gibts hier meine Quiche-Variante natürlich mit Hühnchen (S. 100).

Zum Ende der Weltumrundung noch zwei verrückte Timo Specials:

Mein Chicken-Paket, in dem sich mediterrane Aromen mit der mitteleuropäischen Birne auf dem Grill vereinen. Sowie ein Chickensalat, der einem gut gekühlt das wahre Urlaubsfeeling nach Hause zaubert.

Was wäre eine Reise durch die Hühnerküchen der Welt, ohne die allerbeste Hühnerbrühe – internationales Wohlfühlfood, Hausrezept der Oma ... Diese Brühe bekommt ihr natürlich auch!

Haut rein!

Für den Aroma-Kick. Schau doch mal in meinem Shop vorbei, hier gibts allerlei klasse Stoff, der dein Essen pimpt!

LOCHBLECH VON HIFFICIENCY®

SCHENKEL IN DER GEILSTEN BIERMARINADE

4 Personen
45–60 Minuten

ZUTATEN

4 EL gekörnter Senf
2 EL Honig
4 EL Rapsöl
Abgeriebene Zitronenschale
1 Chili, gehackt
1 l Schwarzbier
1 kg Hähnchenschenkel

ZUBEREITUNG

1. Senf, Honig, Öl, Zitronenabrieb, Chilischote und ca. 50 ml Schwarzbier verrühren. Schenkel damit massieren. In eine große Form schichten und mit dem restlichen Schwarzbier auffüllen. Anschließend die Schenkel für 45 Min. in geschlossener Form auf dem Grill oder im Ofen bei 180–200 °C garen. Schenkel aus der Form nehmen und weitere 15 Min. auf dem Grillrost zu Ende krossen.

   Aus dem Sud der Schenkel lässt sich perfekt eine Sauce ziehen.

2. Für einen noch intensiveren Bums: Die marinierten Schenkel mit Frischhaltefolie verschließen und die Biermarinade 6–24 Std. einwirken lassen.

HIGH CHICKEN MIT DER BESTEN RANCHSAUCE

4 Personen
45-60 Minuten

ZUTATEN

- 2 EL Schalottenwürfel
- 1 EL Salz
- ½ EL Pfeffer
- 1 Knoblauchzehe, gehackt
- 4 EL gehackte Petersilie
- 2 EL Honig
- 1 Bio-Zitrone
- 100 g Mayonnaise
- 300 g Buttermilch
- 800 g Hähnchenbrustfilet
- Salz
- Pfeffer
- 400 ml Geflügelfond (s. S. 106)
- Frische Kräuter (je gut 2 EL Kerbel, Estragon, Basilikum), gehackt
- 50 g Speckwürfel

ZUBEREITUNG

1. Schalotten, Salz, Pfeffer, Knoblauch, Petersilie, Honig, etwas abgeriebene Schale der Bio-Zitrone sowie den gesamten Saft mit der Mayonnaise und Buttermilch glatt rühren und kalt stellen.

2. Zubereitung des Chickens: Die Hühnerfilets salzen und pfeffern, einen Bräter oder beschichteten Topf mit dem Geflügelfond füllen und die Filets schön nebeneinander vom Sud bedeckt hineinlegen. Unbedingt einen Deckel auf den Topf oder Bräter legen und die Filets kurz unter dem Siedepunkt ca. 45 Min. garen lassen. Nach ca. 25 Min. einmal den Deckel abnehmen und die Filets wenden.

3. Danach die gehackten Kräuter zugeben und die Filets mithilfe von zwei Gabeln in dem Sud auseinanderrupfen. Die Speckwürfel in einer Pfanne krossen und mit zum Hühnchen geben.

4. Nun die cremige Sauce in der Mitte eines Tellers platzieren und das gezupfte, zarte, süchtig machende Chicken darauf verteilen.

FUTTERT EUCH HIGH!

RÖMERTOPF
BBQ EDITION VON RÖMERTOPF®

CHICKENWINGS MIT FEURIGER TOMATENSALSA

4 Personen
50 Minuten
plus 2–3 Std. Marinierzeit

ZUTATEN SALSA

1,5 kg reife Tomaten
1 rote Paprika, gewürfelt
2 Schalotten, gehackt
1 Chili, entkernt
2 Knoblauchzehen, gehackt
100 g getrocknete Tomaten, sehr klein geschnitten
2 EL brauner Zucker
2 EL Sherryessig oder Kräuteressig
Salz, Cayennepfeffer

ZUTATEN WINGS

2 TL Meersalz
Schwarzer Pfeffer, frisch gemahlen
1 EL geräuchertes Paprikapulver
1 EL mittelscharfer Senf
2 EL Honig
2 EL passierte Tomaten
3 EL Olivenöl
3 EL Sojasauce
1 kg Hähnchenflügel

ZUBEREITUNG SALSA

Alle Gemüse, Zucker und Essig in einen flachen Topf füllen, zum Kochen bringen und unter Rühren ca. 15 Min. einreduzieren. Mit dem Mixstab pürieren und nach Belieben durch ein Haarsieb passieren. Mit Salz und Cayennepfeffer abschmecken.

ZUBEREITUNG WINGS

1. Salz, Pfeffer und geräuchertes Paprikapulver vermischen.

2. Senf, Honig und passierte Tomaten dazumischen. Dann noch Olivenöl und Sojasauce dazugeben.

3. Die Wings gut mit der Marinade einmassieren und abgedeckt ca. 2–3 Std. im Kühlschrank ruhen lassen. Dann ab auf den Grill und bei ca. 200 °C indirekt ca. 30 Min. crispy grillen. Die Wings mit der Tomatensalsa genießen.

GUTEN APPETIT – EUER TIMO!

TIMOS MAIS-GRILL-CHICKEN MIT BACKKARTOFFELN UND DEM GEILSTEN SCHMAND

4 Personen
50–60 Minuten
plus 2–3 Std. Marinierzeit

ZUTATEN

- 1 großes Maishuhn
- 120 ml Erdnussöl
- 4 EL Rauchpaprika
- 2 EL Selleriesaft (alternativ ½ TL Selleriesalz)
- 2 EL frisch gehackte Kräuter (Thymian, Rosmarin, Petersilie)
- Pfeffer
- Meersalz
- 2 Knoblauchzehen, gepresst
- 200 ml Malzbier
- 2 Ofenkartoffeln
- 100 g Mais
- 400 g Schmand
- 1 TL brauner Zucker
- Saft von ½ Bio-Zitrone
- 100 g Hinkel sein Senf oder ein anderer süßlicher Senf
- 2 Schalotten, fein gewürfelt

ZUBEREITUNG

1. Grill auf ca. 170–190 °C vorheizen.
2. Das Maishähnchen trocken tupfen.
3. In einem Gefäß Öl, Rauchpaprika, Selleriesaft, Kräuter, Pfeffer, Salz, gepressten Knoblauch und Malzbier miteinander vermengen. Das Hühnchen damit einmassieren und 2 Std. im Kühlschrank marinieren lassen.
4. Die übrig gebliebene Marinade aufbewahren.
5. Den Gockel auf den Grillhalter oder auf eine Blechdose aufspießen und auf den Grill legen. 45–60 Min. grillen.
6. Immer wieder mit der übrig gebliebenen Marinade bepinseln.
7. In der Zwischenzeit die großen Kartoffeln ca. 30 Min. lang gar kochen. Anschließend in Alufolie wickeln und mit auf den Grill legen.
8. Für den Dip den Mais mit dem Pürierstab zu einer cremigen Masse pürieren. Schmand, braunen Zucker, Zitronensaft, Salz, Pfeffer, Senf und die Schalotten miteinander vermengen.
9. Das Huhn in 4 Teile zerlegen und je ½ Backkartoffel mit dem Dip zum Gockel reichen. Dazu passt super gegrillter Mais.

GUTEN APPETIT!

BBQ EDITION VON RÖMERTOPF®

CHICKEN POPCORN PORNÖÖÖS

4 Personen
35 Minuten

ZUTATEN

600 g Putenbrust
400 ml Milch
3 EL Salz
2 EL Pfeffer, gemahlen
200 g Mehl Type 405
2 TL Knoblauch, gehackt
2 TL gehackte frische Chili
2 EL geräuchertes Paprikapulver
160 g Maisstärke
4 Eier, verquirlt
Erdnussöl zum Braten

ZUBEREITUNG

1. Putenbrust in kleine Würfel schneiden. Milch in ein Gefäß geben, je 1 EL Salz und Pfeffer zufügen. Putenstücke in der Masse massieren und für 30 Min. im Kühlschrank ruhen lassen.

2. Währenddessen die Panade anrühren. Dafür das Mehl in eine Schüssel geben, Knoblauch, Chili, Paprika, 2 EL Salz, 1 EL Pfeffer und Maisstärke dazugeben und gut miteinander vermengen. Dann die Putenbruststücke alle nach und nach durch die Panade wälzen.

3. Nach dem ihr damit fertig seid, in die übrig gebliebene Milchmasse die verquirlten Eier geben und vermengen. Jetzt nochmals die panierten Putenbrustwürfel durch die Masse ziehen und wieder durch die Panade wälzen – so werden die kleinen Scheißerchen beim Braten richtig schön kross.

4. Die Würfel in Erdnussöl schwimmend ausbacken, bis sie goldgelb sind. Auf Küchenpapier abtropfen lassen und mit einer schönen Salsa oder einer anderen Sauce reinschnabulieren.

EIN BISSCHEN JAMAIKA – ABER IRGENDWIE AUCH NICHT

4 Personen
50 Minuten

ZUTATEN

1 TL schwarzer Pfeffer
1 TL gemahlener Zimt
1 TL gemahlener Piment
1 TL gemahlene Nelke
1 TL Cayennepfeffer
3 EL brauner Zucker
4 EL Thymianblätter
Salz
1 Chili, entkernt und gehackt
60 ml Erdnussöl
500 g Süßkartoffel
4 Hähnchenschenkel

ZUBEREITUNG

1. Gewürze, gehackte Chilischote und Erdnussöl miteinander vermengen. Die Süßkartoffeln schälen und in Spalten schneiden.
2. Hähnchenschenkel und Süßkartoffeln mit der Paste marinieren, auf ein Backblech mit Backpapier legen und in den vorgeheizten Ofen schieben. Bei 160 °C Umluft und nach 45 Min. ist das Gericht schon fertig. Lasst euch die Schenkel doch einfach mit dem Coleslaw von unten schmecken!.

HINKELMANN'S COLESLAW

4 Personen
30 Minuten
plus 1-2 Std. Zeit zum Ziehen

ZUTATEN

1 Weißkohl, klein (ca. 1 kg)
Salz, Pfeffer, Zucker
3 EL frisch gepresster Zitronensaft
1 Stange Staudensellerie
5 Karotten
1 Bund Lauchzwiebeln
150 g Crème fraîche
50 g Salatmayonnaise

ZUBEREITUNG

1. Kohl putzen, vierteln und den Strunk entfernen. In feine Streifen schneiden oder hobeln. Kohlstreifen mit 1 EL Salz vermengen und in einer Schüssel kräftig mit den Händen oder mithilfe eines Kartoffelstampfers durchkneten. Staudensellerie ebenfalls in feine Streifen schneiden. Karotten schälen und grob reiben. Lauchzwiebeln in feine Ringe schneiden.
2. Für die Sauce Mayonnaise, Crème fraîche, Zitronensaft und etwas Zucker verrühren und mit Salz und Pfeffer abschmecken.
3. Alle Zutaten miteinander vermengen und mindestens 2 Std. ziehen lassen. Und dann kann geschlemmt werden!

CHICKEN JAMBALAYA
DAS FEURIGE SÜDSTAATEN-BRENNT-ZWEIMAL-REZEPT

4 Personen
30 Minuten

ZUTATEN

600 g Hähnchenbrust
Salz
Pfeffer, gemahlen
150 g Chorizo
1 Stange Staudensellerie
2 rote Paprika
1 Frühlingszwiebel
3 Knoblauchzehen
3 Chilis (nach eigenem Ermessen) – „ich mag es scharf"
300 g geräucherter Speck, gewürfelt
4 Schalotten, gehackt
250 g Reis (Langkorn)
100 g stückige Tomaten
1 EL Thymian
1 EL Estragon
4 EL gehackte Petersilie
1 Lorbeerblatt
1 EL Salz
2 EL geräuchertes Paprikapulver
½ TL Cayennepfeffer
500 ml Geflügelbrühe (s. S. 106) oder Fond

ZUBEREITUNG

1. Hähnchenfleisch in gleich große Würfel schneiden, ca. 3 x 3 cm. Das Fleisch leicht salzen und pfeffern. Die Chorizo klein würfeln. Staudensellerie, Paprika und Frühlingszwiebel in etwa gleich große Stücke schneiden. Knoblauch und Chili fein hacken.

2. Speckwürfel in einer beschichteten Pfanne auslassen. Die Schalotten, Knoblauch und Chili dazugeben, außerdem die Chorizo. (Aufpassen, dass der Knoblauch nicht zu heiß wird.) Nun das klein geschnittene Gemüse dazugeben und ebenfalls kurz anbraten.

3. Den Reis dazugeben und vorsichtig mitrösten, dabei ständig rühren.

4. Anschließend die Hühnerbrustwürfel dazugeben und etwas garen lassen. Zum Schluss die stückigen Tomaten, Kräuter und Gewürze mit dazugeben und mit der Hühnerbrühe aufgießen. Ca. 20 Min. bei kleiner Flamme vor sich hin brutzeln lassen. Anschließend eine Kelle in die Masse, ab auf den Teller und rein in den Mund – geil oder?

HINKELS DIRTY CHICKEN-RICE

4 Personen
30 Minuten

ZUTATEN

1,5 Tassen Langkornreis
1 Tasse Portwein
4 EL Erdnussöl
50 g geräucherter Speck
100 g Hühnerherzen
100 g Hühnerleber
200 g Hähnchenfilet
2 Chilis ohne Kerne, gehackt
Salz, Pfeffer
2 Schalotten
2 rote Paprika
2 Staudenselleriestangen
1 kleine Fenchelknolle
2 Frühlingszwiebeln
1 TL Cajungewürz
1 Prise Zucker
1 Bund Petersilie und etwas Kerbel, frisch gehackt
2 Tassen Hühnerbrühe (s. S. 106) oder Fond
1 EL Butter

ZUBEREITUNG

1. Für Hinkels Chicken-Rice 1,5 Tassen Reis mit 1 Tasse Wasser und 1 Tasse Portwein gar kochen. Den fertig gekochten Reis auskühlen lassen und etwas auflockern.

2. Erdnussöl in einer großen Pfanne erhitzen. Den Speck in Würfel schneiden und im Öl knusprig braten. Hühnerherzen, -leber und -filet sehr klein schneiden, zugeben und mit anbraten. Chilis dazugeben und mit Salz und Pfeffer würzen.

3. Schalotten und Paprika würfeln, Selleriestangen und Fenchel in feine Scheiben schneiden. Frühlingszwiebeln in kleine Stücke schneiden. Alles in die Pfanne geben und mit anbraten. Fleißig wenden, damit nichts anbrennt. Die Gewürze und Kräuter dazugeben.

4. Nun die Hühnerbrühe zugeben und unter ständigem Rühren so lange einkochen lassen, bis die Flüssigkeit fast verdunstet ist.

5. Dann den Reis unterheben und 1 EL Butter dazugeben. Fertig zum Servieren.

GUTEN APPETIT!

HIFFICIENCY
Made in Germany
MULTISPEED PFANNE VON HIFFICIENCY®

TEXMEX CHICKEN-CHILI

4 Personen
30 Minuten

ZUTATEN CHILI

450 g Hähnchenfilet
6 Chilis
2 Gemüsezwiebeln
1 Stange Staudensellerie
3 Knoblauchzehen
1 rote Paprika
6 EL Olivenöl
3 EL Tomatenmark
1 Dose stückige Tomaten
200 ml Portwein
1 Dose Kidneybohnen
1 Dose weiße Bohnen
Salz, Pfeffer
1 TL Kreuzkümmel
1 Prise Zucker

ZUTATEN PARMESAN-STREUSEL

80 g Butter (Raumtemperatur)
4 EL geriebener Parmesan
4 EL Panko (Asia-Paniermehl)

ZUBEREITUNG

1. Das Hühnchenfleisch in kleine Würfel schneiden. Die Chilis der Länge nach halbieren und entkernen. Die Chilis fein hacken. Gemüsezwiebeln und Staudensellerie klein schneiden. Den Knoblauch fein hacken. Paprika würfeln.

2. Im Öl die Zwiebeln glasig dünsten, dann Knoblauch, Staudensellerie, Paprika und Chilis dazugeben.

3. Dann das Tomatenmark mit dazugeben, unterrühren und etwas mit anrösten, um die natürliche Süße der Tomate mit einzubringen. Dann erst die stückigen Tomaten und den Portwein mit in den Topf geben und ca. 20 Min. unter ständigem Rühren bei schwacher Hitze köcheln lassen. Währenddessen die Bohnen in einem Sieb abtropfen lassen.

4. Bohnen und Gewürze dazugeben und das Chili abschmecken. Den Frühlingslauch fein gehackt als Deko und Frische auf das Chili geben.

5. In einer Schüssel die handwarme Butter, Parmesan und Panko verkneten, zu Streuseln verarbeiten und auf dem Chili verteilen. Anschließend mit der Grillfunktion überbacken, bis die Streusel goldgelb sind. Nach Belieben mit frischem Schnittlauch oder Lauchzwiebelgrün bestreut servieren.

GUTEN HUNGER IHR LÜMMEL!

HINKELS MÄNNER-WRAP

4 Personen
45 Minuten

ZUTATEN

- 500 g Hähnchen-Oberkeule mit Haut und ohne Knochen
- 2 EL Erdnussöl und Öl für die Form
- 1 TL Salz, 1 TL Pfeffer
- 1 Chili, gehackt
- 1 TL Zucker
- 250 ml BBQ-Sauce aus der Hinkelmann-Kollektion
- 2 EL Essigessenz
- 150 ml Malzbier
- Saft von ½ Zitrone
- 1 TL gehackte Petersilie
- 250 g Crème fraîche
- 250 g reifer Cheddar, gerieben
- 6 Weizentortillas

ZUBEREITUNG

1. Die Keulen mit dem Öl und mit Salz, Pfeffer, Chili sowie dem Zucker einreiben.

2. Keulen auf dem Backblech bei 180 °C Umluft 30–35 Min. mit der Hautseite nach oben kross garen.

3. Haut abziehen und zur Seite legen. Das Fleisch in feine Streifen schneiden und mit BBQ-Sauce, Essigessenz, Bier, Zitronensaft und Petersilie vermengen.

4. Crème fraîche und Cheddar vermischen. Eine ofenfeste runde Form mit Erdnussöl bepinseln. 1 Wrap einlegen, mit etwas Käse-Crème-fraîche bestreichen. Einen Teil der Hähnchenmasse darauf verteilen. Neuen Wrap drauf, den Vorgang wiederholen, bis der letzte Wrap mit Hähnchenmasse bestrichen ist.

5. Restliche Crème-fraîche-Cheddar-Masse darauf verteilen und den Wrap im Ofen bei 180 °C 10 Min. backen, bis der Käse schön goldgelb gebräunt ist.

LASST ES EUCH SCHMECKEN!

ÜBERBACKENE NACHOS MIT JALAPEÑO, CHEDDAR UND CHICKEN

4 Personen
20 Minuten

ZUTATEN

- 600 g Hähnchenfilet
- 4 EL Jerk-Sauce
- 50 g geräucherter Speck
- 2 EL Erdnussöl
- 4 EL fein gewürfeltes Tomatenfruchtfleisch
- 2 Schalotten, fein gehackt
- 2 EL BBQ-Sauce (am besten natürlich meine eigene)
- 2 EL Tomatenketchup
- 1 Frühlingszwiebel, fein gehackt
- ½ Stange Staudensellerie, fein gehackt
- 2 EL Basilikum, fein geschnitten
- 4 EL gehackte Petersilie
- 1 Knoblauchzehe, gehackt
- 1 EL Essigessenz
- 2 TL Zucker
- 1 TL Salz, Pfeffer
- 1 Tüte Nachos
- 200 g reifer Cheddar, gerieben
- 1 Handvoll Jalapeño-Ringe aus dem Glas

ZUBEREITUNG

1. Den Ofen vorheizen auf 220 °C Ober-/Unterhitze. Die Hähnchenfilets mit der Jerk-Sauce marinieren. Speck in Streifen schneiden und mit den Hähnchenfilets in einer Pfanne mit 1 EL Erdnussöl anbraten und zur Seite stellen.

2. Tomatenwürfel mit den Schalottenwürfeln, BBQ-Sauce, Ketchup, Frühlingszwiebel, Sellerie, Kräutern, Knobi, Essigessenz, Zucker, Salz und Pfeffer vorsichtig miteinander vermengen und kalt stellen.

3. Die Nachos in einer ofenfesten Schüssel verteilen und mit 1 EL Erdnussöl besprühen. Die Schüssel mit den Nachos für 1–2 Min. in den Ofen stellen, um die Chips zu erwärmen. Wenn die Nachos warm sind, aus dem Ofen nehmen und die Hühnchen-Speck-Masse auf den Nachos gleichmäßig verteilen. Die selbst gemachte Salsa daraufgeben und ebenfalls verteilen.

4. Nun den geriebenen Cheddar auf die Masse geben und das Ganze im heißen Ofen ca. 5–7 Min. backen, bis der Käse geschmolzen ist, dann 1–2 Min. den Käse bei Grillstufe knusprig grillen. Mit Jalapeño-Ringen garniert servieren.

EINFACH, SCHNELL, LECKER

GEGRILLTE ORANGEN-KEULEN

4 Personen
45 Minuten
plus 2-3 Std. Marinierzeit

ZUTATEN

3 Schalotten
1 EL Erdnussöl
2 EL Tomatenketchup
2 EL Worcestershire-Sauce
5 EL brauner Zucker
1 EL Essigessenz
2 getrocknete Chilis
5 EL Blutorangensaft
5 EL Zitronensaft
2 EL Mayonnaise
8 Hähnchenkeulen

ZUBEREITUNG

1. Schalotten würfeln und in einer Pfanne in heißem Öl andünsten. Ketchup, Worcestershire-Sauce, braunen Zucker, Essig, Chili, Orangen- und Zitronensaft zugeben und unter Rühren ca. 15 Min. köcheln und abkühlen lassen. Dann die Mayonnaise unterrühren und die Keulen darin 2–3 Std. abgedeckt marinieren. Für noch mehr Bums: Die Keulen 12 Std. abgedeckt in der Marinade ziehen lassen.

2. Den Grill einheizen. Die Hähnchenkeulen aus der Marinade nehmen und etwas abpinseln.

3. Die Keulen auf dem Rost verteilen, unter mehrfachem Wenden ca. 35 Min. bei nicht allzu heißem Grill rundherum knusprig grillen.

GUTEN HUNGER!

MEIN CAMPER

<<< GLOBE-TRAVELLER

MEINE PFANNE
MEINE KEULEN
... DANN KANN DIE REISE LOSGEHEN.
GRILLPFANNE VON HIFFICIENCY®

CHING CHANG CHONG SÜSSSAUER

4 Personen
25 Minuten

ZUTATEN

250 g Reis, Salz
600 g Hähnchenfilet
2 Eier, Pfeffer
4 EL Speisestärke
Ca. 750 ml Erdnussöl zum Ausbacken
1 reife Ananas
1 TL Zucker
3 EL Essigessenz
2 EL Tomatenketchup
4 EL Sojasauce
2 EL Erdnussöl
1 Gemüsezwiebel
1 Chili, ohne Kerne gewürfelt
2 gelbe Paprika
30 g Shiitakepilze, am liebsten frisch, ohne Stiel
1 Glas Bambussprossen

ZUBEREITUNG

1. Als Erstes den Reis mit Salz ansetzen und gar kochen. Inzwischen Hühnchen in mundgerechte Stücke von 1,5 x 1,5 cm würfeln. Hier gilt: je kleiner, desto feiner.

2. Nun werden die Eier in einer Schüssel mit Salz und Pfeffer gewürzt und verquirlt. In eine weitere Schüssel kommen 2 EL Speisestärke.

3. Die Hühnchenwürfel in der Stärke wälzen und anschließend durch das Ei ziehen. Rundherum in heißem Erdnussöl schwimmend ausbacken, bis sie knusprig sind, auf Küchenpapier abtropfen lassen und zur Seite stellen.

4. Ananas schälen und den Strunk entfernen. Die eine Hälfte fein würfeln, die andere Hälfte entsaften, die Flüssigkeit zur Seite stellen.

5. Für die Sauce Zucker, Essig, Ketchup, Sojasauce und 1 EL Öl in eine Schüssel geben und verrühren.

6. Zwiebel fein würfeln und mit der Chili in 1 EL Öl anschwitzen, Paprika, Shiitakepilze und Bambussprossen würfeln und mit andünsten. Ananas dazugeben und kurz mit anbraten. Nun die Sauce dazugeben und ca. 2–3 Min. bei schwacher Hitze mitköcheln lassen.

7. Die anderen 2 EL Stärke mit 50 ml Ananassaft verrühren und dann unter ständigem Rühren in die Sauce rühren, dadurch dickt sie an. Reis auf den Teller geben, Sauce daneben und das Hühnchen obendrauf legen.

1, 2, 3 – RAN AN DIE GABELN!

HALBER GRILLER MIT KÜRBIS-MANGO-CHUTNEY

4 Personen
45 Minuten

ZUTATEN FÜR DIE GRILLER

- 2 EL Salz
- 6 EL Honig
- 2 EL Zitronensaft
- 1 EL weißer Pfeffer
- 1 Chilischote, gehackt
- 6 EL Ketchup
- 6 halbe Grillhähnchen

ZUTATEN FÜR 1 KG CHUTNEY

- 500 g reife Mango
- 500 g Muskatkürbisfruchtfleisch
- 80 g rote Paprika
- 25 g frischer Ingwer
- 40 g Schalotte, gehackt
- 1 Knoblauchzehe, gehackt
- 75 g brauner Zucker
- 100 ml Obstessig
- 10 g Salz
- 1 Msp. Kurkumapulver
- 1 Prise Cayennepfeffer

ZUBEREITUNG

1. Den Backofen auf 200 °C Ober-/Unterhitze vorheizen. Alle Zutaten für die Griller zusammenrühren und gleichmäßig auf den halben Grillern einmassieren und einreiben. Anschließend die Hähnchen in ca. 35 Min. knusprig garen.

2. Für das Chutney Mango und Kürbisfruchtfleisch getrennt in 1 cm große Würfel, Paprika in ½ cm große Würfel schneiden. Ingwer schälen und fein hacken. Schalotte und Knoblauch mit dem Zucker anschwitzen, mit dem Essig ablöschen und Kürbis und Paprika zugeben. 10 Min. köcheln lassen.

3. Mango, Salz und die Gewürze zum Chutney geben und so lange köcheln, bis das Fruchtfleisch der Obst- und Gemüsezutaten zu zerfallen beginnt.

4. Einen Teil des Chutneys zu zu den halben Grillern genießen. Den Rest heiß in saubere Gläser füllen und sofort verschließen.

PFANNE VON HIFFICIENCY®

HINKELS
KOREANISCHER TOPF

4 Personen
45–60 Minuten
plus 2 Std. Marinierzeit

ZUTATEN

- 2 Knoblauchzehen
- 25 g frischer Ingwer
- 8 EL Sojasauce
- 2 EL gelbe Currypaste
- 2 EL Honig
- 4 EL Sesamöl
- 2 EL Austernsauce
- 1,5 kg Hühnerteile (Filet, Keule, Schenkel, Flügel)
- 10 g getrocknete Algen
- 1 l Hühnerbrühe (s. S. 106)
- 500 g Kartoffeln (festkochend)
- 2 Karotten
- 2 grüne Chilis
- 2 rote Chilis
- 2 Frühlingszwiebeln

ZUBEREITUNG

1. Knoblauch und Ingwer klein schneiden. In einem Behälter zusammen mit Sojasauce, Currypaste, Honig, Sesamöl und Austernsauce verrühren. Die Hühnerteile mit der Paste marinieren und abgedeckt im Kühlschrank 2 Std. lagern.

2. Getrocknete Algen in einen Topf mit der Hühnerbrühe geben. Erst aufkochen, dann ca. 5 Min. bei mittlerer Hitze köcheln lassen. Die Algen entfernen.

3. Die marinierten Hühnerteile in einen Topf geben, mit der Algenbrühe bedecken und aufkochen lassen. Abdecken und 50 Min. bei schwacher Hitze köcheln lassen.

4. Die Kartoffeln schälen, in Würfel schneiden, ebenfalls in die Brühe geben und weitere 20 Min. köcheln lassen.

5. Karotten in Würfel schneiden, dann zum Hähnchen dazugeben und weitere 10 Min. köcheln lassen.

6. Zuletzt die Chilis und Frühlingszwiebeln würfeln oder fein schneiden und dazugeben. Umrühren und genießen. Wer möchte, dekoriert das Gericht mit Algenstreifen.

LASST ES EUCH SCHMECKEN – EUER TIMO!

PAPAYA-CHICKEN-SPIESSE VOM GRILL

4 Personen
20 Minuten
plus 2 Std. Marinierzeit

ZUTATEN

600 g Hähnchenbrustfilet
2 Knoblauchzehen
4 EL Sojasauce
2 EL Balsamico dunkel
2 EL Honig
2 EL Erdnussöl
Salz, Pfeffer
12 Holzspieße
1 Papaya
1 Baby-Ananas
1 Gemüsezwiebel

ZUBEREITUNG

1. Das Filet in grobe, aber gleichmäßige Stücke schneiden. Knobi pressen und mit Sojasauce, Balsamico, Honig, Erdnussöl, Salz und Pfeffer verrühren. Das Fleisch ca. 2 Std. in der Masse abgedeckt im Kühlschrank marinieren lassen.

2. Die Holzspieße wässern. Papaya, Ananas und Zwiebel in grobe, gut aufspießbare Stücke schneiden. Dann immer abwechselnd Hähnchenstücke, Zwiebelspalten, Ananas und Papaya aufspießen. Die Spieße auf dem Grill bei ca. 160 °C ca. 12–15 Min. rundherum fertig grillen und genießen.

PERFEKT DAZU: DIE WHISKEY-PAPRIKA-SAUCE AUS DER HINKELMANN-KOLLEKTION!

TIMO HINKELMANN
Kollektion
WHISKEY PAPRIKA

BBQ EDITION VON RÖMERTOPF®

TANDORI-CHICKEN AUFGESPIESST

4 Personen
15–20 Minuten
50 Minuten Garzeit

ZUTATEN

- 1 ganzes Hähnchen (1,5–2 kg)
- 1 Gemüsezwiebel
- 2 Knoblauchzehen
- 25 g frischer Ingwer
- 500 g griechischer Joghurt (mind. 30 % Fett)
- Saft von 1 Bio-Zitrone
- 4 EL Tandoripaste oder Tandoripulver
- 50 ml Selleriesaft (alternativ ½ TL Selleriesalz)
- 2 EL Honig
- Salz
- Pfeffer

ZUBEREITUNG

1. Das Hähnchen trocken tupfen und die Geflügelhaut rundherum leicht einpiksen.

2. Zwiebel, Knoblauch und Ingwer klein schneiden und pürieren.

3. Joghurt, Zwiebel-Ingwer-Masse, Zitronensaft, Tandorigewürz, Selleriesaft und Honig miteinander verrühren. Mit Salz und Pfeffer abschmecken. Hähnchen mit der Masse marinieren und abgedeckt mindestens 4 Std. im Kühlschrank marinieren lassen.

4. Für einen noch intensiveren Bums: Das Hähnchen mit der Würzmasse marinieren und abgedeckt mindestens 4 Std. im Kühlschrank marinieren lassen.

5. Grill vorheizen auf 180–190 °C indirekt.

6. Römertopf-Chickenständer mit Hähnchen auf den Grill stellen und ca. 50 Min. rundherum kross ausbacken. Als Beilage bietet sich einfach ein toller Salat an.

GUTEN HUNGER!

CHICKEN AN(DERS)LOUSE

4 Personen
35 Minuten

ZUTATEN

- 15 Kirschtomaten
- 2 rote Zwiebeln
- 1 Knoblauchzehe
- 100 g braune Champignons
- 2 Paprika, rot und gelb
- 1 EL Olivenöl
- ½ Stange Lauch, längs halbiert und in feine Ringe geschnitten
- Ca. 8 EL gehackte frische Kräuter (Rosmarin, Thymian, Salbei, Basilikum, Oregano)
- 2 EL Tomatenmark
- 100 ml trockener Weißwein
- Saft von 1 Bio-Zitrone
- 125 ml Sahne
- 125 ml Vollmilch
- 600 g Hähnchenfilet
- 50 g Chorizo, in Würfel geschnitten
- 2 TL Mehl
- 50 g kalte Butter

ZUBEREITUNG

1. Kirschtomaten halbieren, Zwiebeln und Knoblauch fein würfeln. Champignons und Paprika in grobe Stücke schneiden. Einen Topf oder Bräter auf den Herd stellen. In 1 EL Olivenöl die halbierten Tomaten mit den Zwiebeln, Knoblauch, Lauchstreifen und den Kräutern glasig andünsten. Dann die Pilze und die Paprika dazugeben und ebenfalls kurz mit anbraten. Tomatenmark dazugeben und unter ständigem Rühren mit anrösten.

2. Das Ganze dann mit dem Wein und dem Zitronensaft ablöschen. Sahne und Milch dazugeben und ca. 10 Min. bei schwacher Hitze einköcheln lassen.

3. Das Hühnchenfleisch fein schneiden und in einer separaten Pfanne mit den Chorizowürfeln 10 Min. braten. Das Fleisch zum Gemüse geben, alles miteinander vermengen. Das Mehl mit 1 EL Wasser verrühren und damit die Sauce andicken. Anschließend das Gericht mit 50 g Butter, flöckchenweise eingerührt, finalisieren.

DIE VOLLENDUNG: KLEINE KARTÖFFELCHEN, MIT DENEN SICH DER SUD OBERLECKERST SCHNABULIEREN LÄSST!

BBQ EDITION VON RÖMERTOPF®

CRAZY CHICKEN

4 Personen
20 Minuten
plus 2 Std. Marinierzeit

ZUTATEN

- 400 g Hähnchenbrustfilet
- 3 Knoblauchzehen
- 6 EL Erdnussöl
- Salz, Pfeffer
- 4 EL Tabasco
- 2 EL brauner Zucker
- 400 g Hähnchenunterschenkel
- 150 g Mehl
- 3 EL geräuchertes Paprikapulver
- 1 l Erdnussöl zum Frittieren

ZUBEREITUNG

1. Hähnchenbrust in 10–12 Teile schneiden. Knoblauch hacken.

2. In einer Schüssel das Öl, gehackten Knoblauch, Salz, Pfeffer, Tabasco und Zucker verrühren. Alle Hähnchenteile – Filetstücke wie auch die Schenkel – darin wenden und abgedeckt mindestens 2 Std. im Kühlschrank lagern.

3. In einer weiteren Schüssel Mehl, etwas Salz und das geräucherte Paprikapulver vermischen. Alle Hähnchenteile in dem Mehlgemisch wenden, dieses andrücken.

4. In einem Topf das Erdnussöl zum Frittieren auf 160 °C erhitzen. Die Hähnchenstücke darin in 5–6 Min. knusprig ausbacken.

EINE EINFACH(E) VERRÜCKTE SACHE!

CHICKEN FRIKASSEE 2.0

4 Personen
30-40 Minuten

ZUTATEN

1 gegartes Hähnchen, nur das weiße Fleisch, ohne Haut
200 g Karotten
100 g Champignons
50 g Butter
25 g Mehl
400 ml Hühnerbrühe (s. S. 106)
100 ml Sahne
100 g kleine TK-Erbsen
100 g frischer Spargel, in kleine Stücke geschnitten (weiß oder grün)
Salz, Pfeffer, Zucker
1 Prise Muskat
Saft von ½ Bio-Zitrone
1 Bund Petersilie, gehackt

ZUBEREITUNG

1. Das ausgelöste Hähnchenfleisch (ca. 250 g) in kleine Würfel schneiden und zur Seite legen.

2. Karotten schälen und in kleine Würfel schneiden, Champignons achteln und ebenfalls zur Seite legen.

3. Jetzt die Mehlschwitze vorbereiten. Die Butter in einem Topf zerlassen und dann das Mehl unter ständigem Rühren darin anschwitzen, bis es goldgelb wird.

4. Im Anschluss rührt man dann nach und nach mit dem Schneebesen die Hühnerbrühe unter. Kurz aufkochen lassen und weiterrühren, um Klümpchenbildung zu verhindern.

5. Nun Sahne, Pilze, Karotten, Erbsen und Spargel dazugeben und ca. 10 Min. köcheln lassen. Ab und zu umrühren.

6. Frikassee mit Salz, Pfeffer, einer Prise Zucker, Muskat und Zitronensaft abschmecken. Das Hühnerfleisch dazugeben und 5 Min. ziehen lassen. Dann Petersilie dazu, anrichten und das Gericht klassisch mit Reis genießen. Ab gehts!

LASST ES EUCH SCHMECKEN – EUER TIMO.

KEULE AUF BROKKOLI-GEMÜSE MIT HASELNUSSBUTTER

4 Personen
35 Minuten

ZUTATEN

800 g Hähnchenkeulen
Salz, Pfeffer
2 EL Honig
1 Chilischote, fein gehackt
1 EL scharfes Paprikapulver
400 g Brokkoli, geputzt
2 EL Butter
2 EL gehackte Haselnüsse

ZUBEREITUNG

1. Die Keulen mit Salz, Pfeffer, Honig, Chili und Paprikapulver einmarinieren und anschließend 35 Min. bei 190 °C im vorgeheizten Backofen ausbacken.

2. Den Brokkoli in kleine Röschen zerteilen und im Dampfeinsatz bissfest garen. Zwischendurch salzen.

3. Währenddessen in einer Pfanne die Butter schmelzen, die gehackten Haselnüsse zugeben und unter Rühren kurz rösten.

4. Zum Anrichten den Brokkoli auf den Teller legen und etwas Haselnussbutter darübergeben. Nun nur noch die Keulen anlegen und los geht's!

QUICHE MIT LAUCH UND FILETSTREIFEN

4 Personen
50-60 Minuten

ZUTATEN FÜR EIN BACKBLECH

1 Würfel Hefe
500 g Mehl Type 1050
1 TL Salz
2 EL Öl
3 Stangen Lauch
2 EL Butter
400 g Hähnchenfilet, sehr fein geschnitten
Salz, Pfeffer
Muskatnuss
2 Becher Sahne (400 g)
3 große Eier
ca. 200 g Greyerzer Käse, gerieben

ZUBEREITUNG

1. Die Hefe in 350 ml lauwarmem Wasser verrühren, mit Mehl, Salz und Öl in der Küchenmaschine kneten (Knethaken), bis sich der Teig vom Rand der Schüssel löst. Schüssel mit einem Tuch abdecken und den Teig an einem warmen Ort ca. 30 Min. gehen lassen.

2. Teig auf einer bemehlten Unterlage mit den Händen durchkneten, auf Backpapier auf Blechgröße ausrollen und mit dem Papier auf das Backblech legen.

3. In der Ruhezeit des Teiges den Lauch längs halbieren, waschen und klein schneiden. In einer großen Pfanne den Lauch in der Butter unter Wenden anschwitzen, bis er weich wird.

4. Die Hähnchenstreifen mit Salz, Pfeffer, Muskat mischen und unter den Lauch mischen. Das Ganze abschmecken, auf den Teig geben und gleichmäßig verteilen. Sahne mit den Eiern verquirlen, salzen und über den Lauch gießen, den geriebenen Käse darüberstreuen.

5. Die Quiche im vorgeheizten Backofen bei 200 °C ca. 20 Min. backen, dabei die letzten 5 Min. mit Heißluft arbeiten (alternativ mit Grillfunktion), damit die Oberfläche goldbraun wird.

IN STÜCKE GESCHNITTEN SERVIEREN – HAUT REIN!

TIMOS CHICKEN-PAKET

4 Personen
30 Minuten

ZUTATEN

3 Hähnchenbrustfilets

2 weiche Birnen

2 EL frisch gehackte Kräuter (Thymian, Rosmarin, Petersilie)

Saft von ½ Bio-Zitrone

150 g Doppelrahm-Frischkäse

15 Scheiben luftgetrockneter Schinken (Sorte nach Geschmack)

Meersalz, Pfeffer

ZUBEREITUNG

1. Die Filets in je ca. 4–5 große Stücke schneiden. Birnen nach Belieben schälen, vierteln und entkernen. Dann in ca. 3–4 mm dicke Scheiben schneiden.

2. Gehackte Kräuter und Zitronensaft mit dem Frischkäse verrühren.

3. Je ein Stück Hühnchen mit 1 TL Frischkäse-Mischung und 4 Scheiben Birne in 1 Scheibe Schinken einrollen.

4. Jetzt die Pakete rundherum knusprig bei mittlerer Hitze zu Ende grillen und genießen.

HINKELMANNS CHICKENSALAT

4 Personen
25 Minuten

ZUTATEN

1 rote Zwiebel

750 ml Geflügelbrühe (s. S. 106)

600 g Hähnchenbrust

1 Fenchelknolle

Salz

1 EL Butter

1 EL brauner Zucker

1 TL Fenchelsaat

2 Orangen

250 g griechischer Joghurt (mind. 30 % Fett)

Pfeffer, 1 EL Honig

½ Bund Kerbel

ZUBEREITUNG

1. Zwiebel fein würfeln und mit der Brühe kurz aufkochen. Hähnchenbrust im Ganzen mit in die Brühe geben und ca. 20 Min. bei schwacher Hitze köcheln lassen.

2. Fenchel putzen und in feine Stücke schneiden. Fenchel in gesalzenem Wasser ca. 3 Min. bissfest kochen, abschrecken und beiseitestellen.

3. Butter in einer Pfanne erhitzen, braunen Zucker dazugeben und schmelzen lassen. Fenchelstücke und Fenchelsaat zugeben und leicht bräunen.

4. Orangen dick schälen. Die Orangenfilets mithilfe eines scharfen Messers zwischen den Trennhäuten herausschneiden und zur Seite stellen. Den dabei abtropfenden Orangensaft auffangen und ebenfalls behalten.

5. Für die Joghurtsauce den Joghurt mit dem aufgefangenen Orangensaft vermengen. Mit Salz, Pfeffer und Honig abschmecken. Kerbelblättchen abzupfen und mit unter die Sauce rühren.

6. Hühnerfleisch in mundgerechte Stücke teilen. Fenchel mit dem Sud und Orangenfilets zugeben. Joghurtsauce unterheben.

LASST ES EUCH SCHMECKEN!

DIE ALLERBESTE HÜHNERBRÜHE

4 Personen
120-150 Minuten

ZUTATEN

- 1,5 kg Suppenhuhn (oder Hühnerklein)
- 3 Gemüsezwiebeln, inkl. Schale grob gewürfelt
- 3 Karotten, grob gewürfelt
- 1 Knollensellerie, grob gewürfelt
- 15 Zweige frische Petersilie
- 10 Zweige frischer Thymian
- 2 Lorbeerblätter
- 15 Pfefferkörner, schwarz
- 1 Prise Zucker
- 4 EL Salz

ZUBEREITUNG

1. Das Huhn und das Gemüse in einem großen Topf unter ständigem Rühren leicht anrösten. 5 Liter Wasser dazugeben und dabei die Bratrückstände vom Topfboden lösen. Aufkochen und den entstehenden Schaum immer wieder abschöpfen. Die restlichen Zutaten zugeben und halb abgedeckt 2,5 Std. leicht köcheln lassen.

2. Anschließend die Brühe vorsichtig durchsieben und kalt stellen. Die Fettschicht nach dem Erkalten von der Oberfläche abschöpfen.

3. Nun ist die Brühe zur Weiterverarbeitung fertig.

4. Jetzt könnt ihr die Brühe auch portionsweise einfrieren. Sie ist dann ca. 3–6 Monate lagerfähig.

LASST ES EUCH SCHMECKEN – EUER TIMO!

ORIGINAL
WIESENHOF
CHICKEN
SCHMIEDE

WIRCO

AMBOSS-STEAKS AUF BOHNEN-RATATOUILLE

4 Personen
35 Minuten

ZUTATEN

4 WIESENHOF Chicken Schmiede Amboss-Steaks

150 g Butter (zum Anbraten)

200 g grüne Bohnen

Salz

115 ml Olivenöl

1 Schalotte, gewürfelt

1 Knoblauchzehe, fein geschnitten

2 rote Paprika, gewürfelt

1 Zucchini, gewürfelt

1 Aubergine, gewürfelt

4 Tomaten, gewürfelt und entkernt

150 g weiße Bohnen, gekocht

40 g gehackte Kräuter der Provence

ZUBEREITUNG

1. Zuerst den Backofen auf 180 °C vorheizen (Ober-/Unterhitze).
2. Die WIESENHOF Amboss-Steaks von beiden Seiten in Butter ca. 2 Min. anbraten. Im Backofen fertig garen.
3. Inzwischen die grünen Bohnen waschen, schnippeln und in einem Topf mit Salzwasser bissfest kochen (blanchieren). Dann in Eiswasser abschrecken (so bleibt die Farbe erhalten) und abtropfen lassen.
4. In einem großen Bratentopf das Olivenöl erhitzen und die gewürfelte Schalotte und den fein geschnittenen Knoblauch glasig andünsten. Dann nacheinander die Paprika, die Zucchini, die Auberginen und die grünen Bohnen hinzufügen und alles bei geringer Hitze weiter anschwitzen. Die gewürfelten Tomaten, die weißen Bohnen und die Kräuter zur Gemüsemischung dazugeben und alles nochmals weitere 2–3 Min. garen.
5. Das Bohnen-Ratatouille zu den goldbraun gegarten Amboss-Steaks servieren.

BIG BURGER
MIT BACON UND ANANAS

4 Personen
15–20 Minuten

ZUTATEN

- 4 WIESENHOF Chicken Schmiede Big Burger
- 4 Scheiben WIESENHOF Geflügel-Bacon
- 3 EL saure Sahne
- 4 EL Mayonnaise
- 2 TL Chiliketchup
- 2 TL Currypulver
- Saft von ½ Limette
- Salz, schwarzer Pfeffer
- ½ Kopf Romanasalat
- 1 Bund Koriander
- 4 Scheiben frische Ananas
- 2 EL flüssiger Honig
- 4 Burgerbrötchen
- Aluschalen

ZUBEREITUNG

1. Saure Sahne mit Mayonnaise, Chiliketchup und Currypulver glatt rühren. Mit Limettensaft, Salz und Pfeffer abschmecken.

2. Salat waschen, trocken tupfen und in Streifen schneiden. Korianderblättchen abzupfen und hacken.

3. Burger-Patties von beiden Seiten grillen. Ananasscheiben mit Honig bestreichen und ebenso wie die Baconstreifen auf Aluschalen grillen. Burgerbrötchen halbieren, auf dem Grill kurz anrösten.

4. Brötchenunterseiten mit je einem Teelöffel Chili-Curry-Mayonnaise bestreichen und mit Salat belegen. Burger-Patty, Ananas und Bacon daraufgeben. Mit Chili-Curry-Mayonnaise beträufeln und Koriander darüberstreuen. Brötchendeckel auflegen und servieren.

BURGER MIT FEIGEN

4 Personen
15-20 Minuten

ZUTATEN

4 Packungen WIESENHOF Chicken Schmiede Big Burger
2 EL Feigenkonfitüre
2 TL Senf
1–2 EL Orangensaft
½ Kopf Romanasalat
2 frische Feigen
1 Zweig Rosmarin
4 dünne Scheiben Ziegenkäserolle (à 30 g)
4 Burgerbrötchen
4 EL Schmand

ZUBEREITUNG

1. Feigenkonfitüre mit Senf und Orangensaft glatt rühren. Salat waschen, trocken schleudern und in Streifen schneiden. Feigen waschen und in Scheiben schneiden. Rosmarin abbrausen und trocken schütteln. Die Nadeln fein hacken.

2. Burger-Patties von beiden Seiten grillen. Ziegenkäsescheiben darauflegen und durch die Hitze anschmelzen lassen. Burgerbrötchen halbieren, auf dem Grill kurz anrösten.

3. Brötchenunterseiten mit Schmand bestreichen. Salat, Burger-Patties und Feigenscheiben darauflegen. Feigen-Senf-Sauce darüber verteilen. Mit Rosmarin bestreuen, Brötchendeckel auflegen und die Burger servieren.

FEUERLANZEN MIT KICHERERBSENSALAT

4 Personen
15–20 Minuten

ZUTATEN

- 2 Packungen WIESENHOF Chicken Schmiede Feuerlanzen
- 1 Dose Kichererbsen
- 250 g Cocktailtomaten
- 1 Salatgurke
- 150 g Staudensellerie
- 1 rote Zwiebel
- 1 Bund Koriander
- 2 Zweige Minze
- 1 Knoblauchzehe
- 2 EL Zitronensaft
- 3 EL Orangensaft
- 4 EL Olivenöl
- 1 TL Kreuzkümmel
- Cayennepfeffer
- Salz, schwarzer Pfeffer
- 2 EL Öl

ZUBEREITUNG

1. Kichererbsen in ein Sieb geben. Tomaten waschen und vierteln. Gurke schälen, halbieren, die Kerne herausschaben. Gurke in kleine Würfel schneiden. Staudensellerie putzen, waschen und ebenfalls würfeln. Zwiebel schälen, vierteln und in dünne Streifen schneiden. Kräuter abbrausen, trocken schütteln und die Blätter (bis auf 3 Stiele Koriander) fein hacken.

2. Für das Dressing Knoblauch schälen und durch die Presse drücken. Mit Zitronen- und Orangensaft, Olivenöl, Kreuzkümmel, Cayennepfeffer, Salz und Pfeffer verrühren.

3. Salatzutaten mit dem Dressing mischen und mind. 30 Min. ziehen lassen. Nochmals mit Salz und Pfeffer abschmecken.

4. Öl in einer Pfanne erhitzen und die WIESENHOF Feuerlanzen darin 10–15 Min. unter Wenden durchgaren.

5. Kichererbsensalat mit den restlichen Korianderblättern dekorieren, mit den Feuerlanzen servieren.

VOLL AUF DIE „12"
HAMMERKEULEN AUF OFENGEMÜSE

4 Personen
40–45 Minuten

ZUTATEN

4 Packungen WIESENHOF Chicken Schmiede Hammerkeulen
250 g kleine Kartoffeln
250 g Süßkartoffeln
1 rote Paprikaschote
1 grüne Paprikaschote
400 g Gemüsezwiebel
1 Aubergine
3 Knoblauchzehen
2 Zweige Rosmarin
4 Zweige Thymian
5–6 EL Olivenöl
Salz, schwarzer Pfeffer
500 g Cocktailtomaten

ZUBEREITUNG

1. Ofen auf 200 °C vorheizen (Ober-/Unterhitze). Kartoffeln gründlich waschen und längs halbieren oder vierteln. Süßkartoffeln schälen und in 1 cm dicke Scheiben schneiden. Paprika putzen, waschen und längs achteln. Zwiebel schälen und in Spalten schneiden. Aubergine waschen, längs halbieren und in 1 cm dicke Scheiben schneiden. Knoblauch schälen und fein würfeln. Kräuter abbrausen, trocken schütteln und fein hacken.

2. Alles mit Olivenöl mischen, mit Salz und Pfeffer kräftig würzen.

3. Gemüse auf ein Backblech geben, WIESENHOF Chicken Schmiede Hammerkeulen darauf verteilen und auf der Mittelschiene 40–45 Min. braten. Tomaten waschen und nach 15 Min. dazugeben.

HAU-WEG-STEAKS MIT KRÄUTER-SENF-MARINADE UND PAPRIKA-LETSCHO

4 Personen
20–25 Minuten

ZUTATEN

- 3–4 WIESENHOF Hau-Weg-Steaks mit Senf-Kräuter-Marinade
- 600 g Paprikaschoten (gelb und rot)
- 2 mittelgroße Zwiebeln
- 2 Knoblauchzehen
- 2–3 EL Butterschmalz
- 1 EL edelsüßes Paprikapulver
- ½ EL rosenscharfes Paprikapulver
- 200 ml Gemüsebrühe
- 1 Dose Tomaten in Stücken (400 g)
- Salz, schwarzer Pfeffer
- ½ TL Zucker
- 2 EL Weißweinessig
- Öl zum Braten

ZUBEREITUNG

1. Paprikaschoten putzen, waschen und in 2 cm große Würfel schneiden. Zwiebeln schälen und in halbe Ringe teilen. Knoblauch schälen und fein hacken.

2. Butterschmalz in einem Topf erhitzen, Zwiebeln und Knoblauch darin glasig dünsten. Paprika dazugeben und mit anschwitzen. Paprikapulver unterrühren, mit Gemüsebrühe ablöschen. Tomaten zufügen und bei schwacher Hitze ca. 20 Min. köcheln lassen. Das Letscho sollte nicht zu flüssig sein.

3. Öl in einer Pfanne erhitzen, WIESENHOF Hau-Weg-Steaks darin von beiden Seiten braten.

4. Paprika-Letscho mit Salz, Pfeffer, Zucker und Essig abschmecken und mit den Steaks servieren.

DAZU SCHMECKT BAGUETTE.

MEISTER-MEDAILLONS
MIT RÖSTZWIEBELN, BALSAMICO-CHAMPIGNONS UND POLENTANOCKEN

4 Personen
30–35 Minuten

ZUTATEN

- WIESENHOF Chicken Schmiede Meister-Medaillons
- 600 g Champignons
- 2 Schalotten
- 250 ml Gemüsebrühe
- 200 ml Milch
- 2 EL Butter, Salz
- 125 g Polentagrieß
- 4 EL Olivenöl
- je 1 Zweig Rosmarin und Thymian
- schwarzer Pfeffer
- 4 EL Balsamicocreme
- 1–2 EL geriebener Parmesan

ZUBEREITUNG

1. Champignons mit einem Küchenpapier abreiben, die Stielenden abschneiden und die Pilze je nach Größe vierteln oder halbieren. Schalotten schälen und fein würfeln.

2. Gemüsebrühe und Milch mit Butter und Salz in einem kleinen Topf aufkochen. Polentagrieß einrieseln lassen, dabei mit einem Schneebesen umrühren. Bei milder Hitze unter Rühren etwa 10 Min. quellen lassen.

3. Inzwischen 2 EL Öl in einem breiten Topf erhitzen, Champignons und Zwiebeln darin anbraten. Eventuell etwas Wasser angießen.

4. Kräuter abbrausen und trocken schütteln. Die Blättchen abstreifen bzw. fein hacken und zu den Pilzen geben. Mit Salz und Pfeffer würzen. Balsamicocreme unterrühren.

5. Restliches Öl in einer Pfanne erhitzen, Meister-Medaillons darin braten.

6. Parmesan unter die Polenta rühren. Mit einem Esslöffel Nocken abstechen und mit den Balsamico-Champignons und den WIESENHOF Meister-Medaillons auf Tellern anrichten.

METAL-WINGS MIT GEMÜSE-COUSCOUS

4 Personen
35 Minuten

ZUTATEN

- 1000 g WIESENHOF Chicken Schmiede Metal-Wings
- 350 ml Geflügelbrühe
- Salz
- Raz el Hanout
- 150 g Couscous
- 1 Schalotte, gehackt
- 1 Zucchini, gewürfelt
- 1 rote Paprika, geschält und gewürfelt
- 2 EL Öl
- 5 getrocknete Aprikosen
- Pfeffer
- Cayennepfeffer

ZUBEREITUNG WINGS

1. Zuerst den Backofen auf 200 °C vorheizen (Ober-/Unterhitze).
2. Die Wings auf ein Backblech geben und im Ofen in ca. 25 Min. kross braten.

ZUBEREITUNG COUSCOUS

1. Für den Couscous die Geflügelbrühe zum Kochen bringen und mit Salz und Raz el Hanout würzen. Den Couscous unter ständigem Rühren einrieseln lassen. Vom Herd nehmen und bei geschlossenem Deckel 20 Min. quellen lassen.
2. Die gehackte Schalotte mit dem gewürfelten Gemüse mit dem Öl anschwitzen und bissfest dünsten. Die Aprikosen fein hacken und unter das Gemüse mengen. Danach alles in die Couscousmasse geben und mit Salz, Pfeffer und Raz el Hanout abschmecken.
3. Den Couscous in die Mitte eines Tellers geben und die krossen WIESENHOF Metal-Wings drumherum verteilen.

GEFLÜGEL-PASTRAMI-SANDWICH

4 Personen
15 Minuten

ZUTATEN

- 1 Pck. WIESENHOF Chicken Schmiede Geflügel-Pastrami
- 1 mittelgroße Zwiebel
- ½ EL Mehl
- 1 EL Butterschmalz
- Salz
- 1½ EL körniger Senf
- 1 EL flüssiger Honig
- 2 TL Weißweinessig
- 2 EL Rapsöl
- 4 Scheiben Weiß- oder Mischbrot
- Butter
- 2 EL süßsaure Gurkenscheiben (aus dem Glas)

ZUBEREITUNG

1. Zwiebel schälen, eventuell halbieren und in dünne Ringe schneiden. Ringe in einer Schüssel mit den Fingern voneinander trennen, dann mit dem Mehl gut mischen.

2. Butterschmalz in einer Pfanne nicht zu stark erhitzen und die mehlierten Zwiebeln darin bei mittlerer Hitze knusprig ausbacken. Mit einer Prise Salz mischen und auf Küchenpapier abfetten lassen.

3. Senf, Honig und Essig verrühren. Das Öl mit einem Schneebesen unterschlagen.

4. Brotscheiben toasten, dünn mit Butter, dann mit Honig-Senf-Sauce bestreichen und halbieren. Jeweils eine Hälfte mit WIESENHOF Geflügel-Pastrami, Gurkenscheiben und Zwiebelringen belegen, andere Hälfte darauflegen.

PLATTER FLATTERMANN MIT KÜRBIS-ORANGEN-RISOTTO

4 Personen
45–60 Minuten

ZUTATEN

WIESENHOF Chicken Schmiede Platter Flattermann
2 Schalotten
200 g Muskatkürbis
7 EL Butter
180 g Risottoreis
100 ml Weißwein
300 ml Orangensaft
500 ml Geflügelbrühe (s. S. 106)
1 kleines Stück Ingwer, fein gehackt
Abrieb von 1 Orange
1 EL Estragon, gehackt
2 EL geriebener Parmesan
Salz, Pfeffer

ZUBEREITUNG PLATTER FLATTERMANN

1. Zuerst den Backofen auf 200 °C vorheizen (Ober-/Unterhitze).
2. Den WIESENHOF Platter Flattermann auf einem Blech in den Backofen geben und ca. 30 Min. garen.

ZUBEREITUNG RISOTTO

1. Die Schalotten in feine Würfel schneiden. Den Kürbis schälen, entkernen und in feine Würfel schneiden. Dann die gewürfelten Schalotten in einem Topf mit 1 EL Butter anschwitzen, den Reis dazugeben und ebenfalls anschwitzen. Mit Weißwein und Orangensaft ablöschen und unter ständigem Rühren so lange köcheln lassen, bis fast keine Flüssigkeit mehr da ist. Dann nach und nach mit der Brühe aufgießen und immer wieder reduzieren lassen. Während dieses Vorgangs den fein gehackten Ingwer, den gewürfelten Kürbis und den Abrieb der Orange unterheben.
2. Wenn die komplette Gemüsebrühe verbraucht ist, den Reis probieren. Er sollte noch ein wenig bissfest sein. Wenn der Reis fertig ist, 6 EL Butter unterziehen, Estragon und den Parmesan unterheben und mit Salz und Pfeffer abschmecken.
3. Anrichten: Das Risotto in die Mitte eines tiefen Tellers geben und den fertigen WIESENHOF Platter Flattermann (nach Wunsch in einzelne Teile portioniert zugeschnitten) auf das Risotto legen.

BRUDERHAHN

TIMOS BRUDERHAHN-KÜCHLEIN

4 Personen
40 Minuten

ZUTATEN

- 1 Blätterteig, ausgerollt
- 20 hauchdünne Scheiben Speck
- 100 g Champignons
- 50 g rote Paprika, in Streifen geschnitten
- 2 Schalotten, fein gehackt
- 1 Handvoll Jalapeño-Ringe aus dem Glas
- 100 g reifer Cheddar, gerieben
- 300 g gekochtes Hühnerfleisch (bevorzugt Bruderhahn)
- 2 EL fein geschnittenes Basilikum
- 1 Ei
- Grobes Meersalz (Flakes)
- 4 runde Backförmchen, ca. 12 cm Durchmesser

ZUBEREITUNG

1. Den Backofen auf 180 °C vorheizen (Ober-/Unterhitze).

2. Aus dem Teig acht Teigkreise mit ca. 12 cm Durchmesser ausstechen. Die Förmchen mit Backpapier auslegen und jeweils einen Teigkreis hineinlegen. Mithilfe einer Gabel Löcher in die Teigkreise piksen.

3. Die Teigböden mit der Hälfte der Speckscheiben belegen, Champignons, Paprikastreifen, Schalotten, Jalapeños und Cheddar auflegen. Fleischreste zerzupfen und auf die anderen Zutaten legen. Mit Basilikum bestreuen und mit den restlichen Speckstreifen bedecken.

4. Teigdeckel aufsetzen. Mit einer Gabel einige Löcher einstechen und Teig mit dem aufgeschlagenen Ei bestreichen. Dann dezent mit Meersalzflakes bestreuen. In der Mitte des Ofens gute 25 Min. goldgelb backen.

EINFACH, SCHNELL, LECKER: ROCK'N'ROLL-KITCHEN!

DER ROTZE-VOLLE-BRUDERHAHN

4 Personen
50-60 Minuten

ZUTATEN

- 1 Bruderhahn (ca. 1,3 kg)
- Salz, Pfeffer
- 8 Schalotten
- 200 g braune Champignons
- 200 g rote Paprika
- 2 EL Pflanzenfett
- 80 g Butter
- 100 g Speckwürfel
- 2 EL Mehl
- 1 Pulle guter Rotwein (nicht lieblich)
- 10 cl Cognac
- Je 2–3 Stiele Oregano, Thymian, Rosmarin, Estragon
- 1 rustikales Baguette

ZUBEREITUNG

1. Bruderhahn mit Geflügelschere in 8 Stücke zerteilen. Mit Salz und Pfeffer würzen. Schalotten schälen und grob zerhacken. Pilze und Paprika in Scheiben bzw. Streifen schneiden.

2. Im Schmortopf Fett und Butter zerlassen. Speck, Schalotten, Pilze und Paprika anbraten, wieder herausnehmen und beiseitestellen.

3. Hähnchenteile anbraten, Mehl darüberstäuben und mit Wein und Cognac ablöschen. Kräuter dazugeben. Dezent mit Salz, aber derbe mit Pfeffer würzen.

4. Zugedeckt bei mittlerer Hitze 40 Min. garen. 5 Min. vor Ende das beiseitegestellte Allerlei dazugeben.

5. Am besten futtert ihr dazu 'n leckeres rustikales Baguette: Legt es einfach neben den Schmortopf und lasst es die Leute selbst abreißen. Glaubt mir, das macht das Essen einfach besser.

EINFACH, SCHNELL, LECKER: ROCK'N'ROLL-KITCHEN!

GN BLECH VON HIFFICIENCY®
ABGEBILDET IST EIN GRILLHÄHNCHEN

ZITRUS-BRUDERHAHN

4 Personen
50-60 Minuten

ZUTATEN

1 Bruderhahn (ca. 1,3 kg)

2 Bio-Zitronen, 2 Bio-Limetten, 1 Bio-Orange

1 EL Honig

Salz, Pfeffer

6 Knoblauchzehen

Olivenöl

2 Baguettes, aufgeschnitten

ZUBEREITUNG

1. Backofen auf 180 °C vorheizen (Ober-/Unterhitze).

2. Je 1 Zitrone und Limette sowie ½ Orange mit Schale klein schneiden und das Hähnchen damit füllen. Den Hahn mit Honig bepinseln, die restlichen Zitrusfrüchte über dem Fleisch auspressen. Fleisch salzen und brutal pfeffern (wer es denn mag).

3. Das Hähnchen und die leicht aufgedrückten Knoblauchzehen (mit Schale) in eine ofenfeste Form geben und richtig großzügig mit Olivenöl begießen. Eine weitere ofenfeste Schüssel mit Salzwasser füllen. Beides in den Ofen stellen. Ca. 55 Min. garen. Während des Garprozesses mehrfach den Bruder mit dem Salzwasser beträufeln. (So wird unser Bruder richtig knusprig.)

4. Fleisch herausnehmen. Mindestens 5 Min. ruhen lassen und dann in Stücke teilen. Den Knoblauch aus der Schale drücken und auf die Baguettescheiben aufstreichen. Die (ich nenn es mal so) Sudkruste, die sich unter dem Fleisch angesammelt hat, ebenfalls auf das Brot streichen und wegschnabulieren.

EINFACH, SCHNELL, LECKER: ROCK'N'ROLL-KITCHEN!

CHICKEN FOR KIDS

4 Personen
25 Minuten

TIMOS HOSENSCHEISSER-SÜPPCHEN

ZUTATEN

1 Hähnchenbrustfilet
1 l Gemüsebrühe
2 Schalotten, sehr fein geschnitten
2 Karotten,
150 g feine TK-Erbsen
100 g Sternchennudeln
Salz, Pfeffer

ZUBEREITUNG

1. Die Hühnerbrust in Miniwürfel schneiden. Gemüsebrühe aufkochen, das Geflügel und die Schalotten dazugeben.

2. Karotten waschen, schälen und in kleine Würfel schneiden. Diese auch zur Suppe geben und rund 10 Min. köcheln lassen.

3. Nach 5 Min. die Erbsen und die Nudeln dazugeben und weitere 5 Min. zu Ende köcheln. Mit Salz und Pfeffer abschmecken – feeertig.

CHICKEN LOLLY

120 Minuten, wenn man alles frisch macht

45 Minuten bei fertigen Produkten

ZUTATEN NUDELTEIG

- 250 g Mehl
- 50 g Hartweizengrieß
- 1 Ei
- 1 Prise Salz
- 2 EL Olivenöl

ZUTATEN HÄHNCHENFARCE

- 200 g Hähnchenbrustfilet
- 2 Stiele Majoran
- 200 ml Sahne
- 1 TL Salz
- 1 EL Weißwein
- Pfeffer aus der Mühle

ZUBEREITUNG NUDELTEIG

Alle Teigzutaten gut vermengen, im Kühlschrank 1 Std. ruhen lassen und dann mit einer Nudelmaschine oder einem Nudelholz dünn ausrollen.

ZUBEREITUNG HÄHNCHENFARCE

1. Das Hähnchenbrustfilet abbrausen, gut trocken tupfen, in kleine Würfel schneiden und zugedeckt etwa 30 Min. anfrieren lassen.

2. Inzwischen den Majoran abbrausen, trocken schütteln und die abgezupften Blättchen fein schneiden. Die Hälfte der Sahne steif schlagen und wieder kühl stellen.

3. Die eiskalten Hähnchenbrustfiletwürfel mit dem Salz mischen und im elektrischen Zerhacker fein pürieren, dabei die flüssige Sahne nach und nach untermixen – die Farce soll cremig, sämig gebunden und leicht glänzend sein. Die Farce durch ein feines Sieb streichen, den Weißwein und Majoran vorsichtig untermischen, mit sehr fein gemahlenem Pfeffer würzen. Die Sahne (bis auf 1–2 EL) unterheben.

4. Für eine Probe mit zwei befeuchteten Teelöffeln eine Nocke abstechen und in leicht siedendem Wasser gar ziehen lassen, bis sie an die Oberfläche schwimmt. Ist die Nocke recht fest, die restliche steif geschlagene Sahne unterheben.

5. Die Farce auf die ausgerollten Nudelbahnen mittig verteilen und einschlagen. Die Ränder mit Eigelb bepinseln, dann halten die Maultaschen zusammen. Dann die Maultaschen in sprudelndem Wasser kochen.

Fortsetzung auf der nächsten Seite …

ZUTATEN RÖSTZWIEBELN

1 Zwiebel
1 TL Mehl
20 g Butter

ZUTATEN TIMOS HIPHIP-PÜREE

800 g mehligkochende Kartoffeln
150 g Butter
150 ml Sahne
Etwas Muskat
Salz, 1 Prise Pfeffer

ZUTATEN TIMOS CHOCOLATE-BERRY-ESSENZ

30 g Zartbitter-Kuvertüre
20 g Butter
5 EL Frauenglück (Balsamico aus der Timo-Hinkelmann-Kollektion)

AUSSERDEM

Holzspatel als Lolly-Stiele

ZUBEREITUNG RÖSTZWIEBELN

Die Zwiebel in dünne Scheiben schneiden mit Mehl mehlieren und im Fett rausbacken. Auf einem Tuch trocknen lassen. Alternativ könnt ihr auch fertige Röstzwiebeln benutzen. Diese bekommt ihr in jedem Supermarkt.

ZUBEREITUNG TIMOS HIPHIP-PÜREE

1. Kartoffeln gar kochen, abgießen und unter Rühren im heißen Topf auswässern lassen. Butter dazugeben und verflüssigen lassen.

2. Jetzt die Sahne in kleinen Etappen dazugeben und anfangen die Kartoffeln zu stampfen. Aufkochen lassen. Das Püree würzen und wie 'n Verrückter die Masse mit dem Schneebesen cremig schlagen.

ZUBEREITUNG TIMOS CHOCOLATE-BERRY-ESSENZ

Die Schokolade klein raspeln und mit der Butter im Wasserbad zum Schmelzen bringen. Das Frauenglück mit einem Schneebesen unter die Schokomasse rühren.

FERTIGSTELLUNG

Jede Maultasche mit einem Holzspatel versehen und in die Sauce tauchen. Dann die kleinen Röstzwiebeln darüber verteilen und mit dem leckeren Püree genießen.

TIMOS CHICKEN-SANDWICH

4 Personen
25 Minuten

ZUTATEN

2 Hähnchenbrustfilets
2 EL Zitronensaft
1 EL Rauchpaprika
2 EL Mehl
1 Prise Pfeffer, Salz
3 EL Olivenöl
4 Scheiben Butterkäse
1 rote Paprika
8 Scheiben Sandwichbrot
4 EL Mayonnaise
4 EL Ketchup
50 g Eisbergsalat, fein geschnitten

ZUBEREITUNG

1. Hähnchenbrüste der Länge nach halbieren und mit etwas Zitronensaft einmarinieren.

2. Rauchpaprika, Mehl, Salz, Pfeffer vermengen und abgetropfte Hähnchenfilets darin wälzen.

3. In 2 EL Öl ca. 6–8 Min. bei mittlerer Hitze gar braten. Zum Schluss je 1 Scheibe Käse auf das heiße Filet legen, damit er ein wenig mit anschmilzt.

4. Paprika in Streifen schneiden, mit 1 EL Öl ca. 3 Min. garen, restlichen Zitronensaft mit in die Pfanne geben.

5. Sandwichbrot toasten, eine Seite mit Majo bestreichen, andere Seite mit Ketchup, Salatstreifen auf die Majoseite, Hähnchen drauf, Paprika drauf, noch eine Schicht Salat und Deckel mit Ketchup drauf.

SPÄTZLEPFANNE HAPS HAPS

4 Personen
20 Minuten

ZUTATEN

4 Eier

400 g Mehl

1 TL Salz und Salz für das Wasser

2 Paprika, rot und gelb

1 Bund Frühlingslauch

500 g Hähnchenbrustfilet

1 EL Öl zum Braten

200 ml Geflügelbrühe (s. S. 106)

125 ml Sahne

1 EL Butter

Muskat, Salz, Pfeffer

Spätzlehobel

ZUBEREITUNG

1. Eier, Mehl, 200 ml Wasser und Salz in einer Rührschüssel vermengen und verkneten.

2. In einem großen Topf gesalzenes Wasser zum Kochen bringen und den Teig mit dem Spätzlehobel in das kochende Wasser hobeln oder pressen.

3. Spätzle kurz aufkochen lassen. Wenn sie oben schwimmen, vorsichtig abgießen und abschrecken.

4. Gemüse waschen und in kleine mundgerechte Stücke schneiden. Genauso machen wir es mit dem Hühnchen.

5. In einer Pfanne das Fleisch mit Paprika im Öl anbraten. Lauchzwiebeln dazugeben und mit der Brühe ablöschen. Sahne unterrühren und mit Muskat, Salz und Pfeffer abschmecken. Jetzt die Spätzle und 1 EL Butter mit unterheben. Anrichten und futtern. Alternativ kann man auch frische Spätzle kaufen.

TIMOS SPAGHETTI CHICKICHICKI

4 Personen
20 Minuten

ZUTATEN

250 g Hähnchenfilet

2 Schalotten (Kids werden eher Schalotten als Zwiebeln futtern, da sie leicht süß sind.)

400 g Spaghetti

Salz

2 EL Öl

Pfeffer

2 TL brauner Zucker

400 g stückige Tomaten

1 Knoblauchzehe

2 EL frisches Basilikum (Mit den Tomaten vermixt sehen es die Kleinen nicht und futtern die Kräuter mit.)

100 ml Sahne

50 g kalte Butter

Parmesan zum Garnieren

ZUBEREITUNG

1. Hähnchenfilet in Streifen schneiden. Schalotten fein würfeln.

2. Spaghetti in kochendes Salzwasser geben und al dente kochen.

3. Öl in einer Pfanne erhitzen. Hähnchenfleisch darin rundherum goldbraun braten. Schalotten zum Ende des Garens dazugeben und glasig anschwenken. Mit Salz, Pfeffer und dem Zucker würzen.

4. Die Hälfte der stückigen Tomaten mit Basilikum und Knoblauch mixen, mit den restlichen stückigen Tomaten sowie der Sahne in einen Topf geben und ca. 3 Min. köcheln lassen. Kalte Butter in Flöckchen in die Sauce rühren.

5. Spaghetti mit der Tomatensauce anrichten und mit oder ohne Parmesan genießen.

ALLES NUGGETS ODER WAS?

4 Personen
15 Minuten

ZUTATEN

600 g Hähnchenbrustfilet
1 TL Salz
1 Prise Pfeffer

FÜR DIE KRUSTE

1 Ei
2 EL Rapsöl
75 g Speisestärke
2 TL Rauchpaprika
1 TL Salz
3 EL Haferflocken
5 EL Sesamsamen
1 TL Backpulver
100 g Mehl

ZUM AUSBACKEN

1 l Erdnussöl

ZUBEREITUNG

1. Als Erstes die Panade für die Kruste zubereiten: 125 ml Wasser, Ei, Öl, Speisestärke, Rauchpaprika, Salz, Haferflocken, Sesamsamen und Backpulver und Mehl gut vermengen.

2. Anschließend die Hähnchenbrust trocken tupfen, in mundgerechte Nuggets schneiden und mit Salz und Pfeffer würzen.

3. Jetzt das Erdnussöl auf ca. 160 °C erhitzen.

4. Nach und nach die Hühnerstücke durch den Teig ziehen, etwas abtropfen lassen und für 4–5 Min. im Teig knusprig ausbacken, herausnehmen und auf Küchenpapier abtropfen lassen.

SIDE DISHES

ERDBEER-RETTICH-CARPACCIO

4 Personen
10 Minuten

ZUTATEN

2 Bio-Limetten
6 EL Crème fraîche
6 EL Geflügelfond
Salz, Pfeffer
1 TL Honig
400 g Erdbeeren
3 Stängel Basilikum
1 Stück Rettich, ca. 300 g

ZUBEREITUNG

1. Limetten auspressen, Crème fraîche und Geflügelfond vermengen. Mit Salz, Pfeffer, Honig und etwas Limettensaft abschmecken.

2. Erdbeeren und Basilikum abspülen und trocken tupfen. Erdbeeren putzen und in feine Scheiben schneiden. Die Basilikumblätter abzupfen und fein schneiden.

3. Rettich schälen und auf einem Hobel oder mit einem scharfen Messer in feine Scheiben schneiden.

4. Rettichscheiben auf einem Teller anrichten und mit etwas Limettensaft beträufeln. Anschließend etwas von der Crème-fraîche-Mischung auf den Rettich pinseln. Erdbeeren und Basilikumblätter darauf verteilen.

SAFRAN-BLUMENKOHL-CHILI-SALAT

4 Personen
25 Minuten

ZUTATEN

1 Blumenkohl, ca. 1 kg
Salz
200 g frische feine Böhnchen, geputzt
6 Eier
2 EL Rosinen
1 Eigelb
Saft von 1 Limette
Pfeffer
1 Msp. Muskat
2 Chilischoten, ohne die Kerne fein gehackt
1 TL Honig
125 ml Olivenöl
200 g saure Sahne
1 Prise Safran
2 Lauchzwiebeln
1 Bund Schnittlauch, fein gehackt

ZUBEREITUNG

1. Blumenkohl in Röschen teilen. Salzwasser aufkochen und die Röschen ca. 5 Min. kochen lassen. Danach sofort kalt abschrecken und beiseitestellen und abtropfen lassen.

2. Dann die Bohnen in Salzwasser 6–8 Min. kochen. Ebenfalls abschrecken, abtropfen lassen und in mundgerechte Stücke schneiden.

3. Eier 8 Min. kochen und abschrecken. Rosinen in heißem Wasser kurz quellen lassen.

4. Für die Sauce Eigelb, Limettensaft, Salz, Pfeffer, Muskat, gehackte Chilis und Honig miteinander aufschlagen. Jetzt langsam das Öl dazugeben und ständig weiterschlagen (Schneebesen). So lange schlagen, bis die Mischung eine cremige Majokonsistenz hat. Jetzt die saure Sahne und den Safran unter die Masse heben.

5. Eier pellen und klein hacken. Lauchzwiebeln putzen und samt Grün in schräge mundgerechte Stücke schneiden. Mit Blumenkohl, Bohnen, abgetropften Rosinen, gehackten Eiern, Schnittlauch und der Majo vermengen. – feeertig.

KARTOFFELSALAT MIT BACON UND RADIESCHEN

4 Personen
30–40 Minuten

ZUTATEN

- 1,2 kg festkochende Kartoffeln
- Salz
- ¼ l Gemüsebrühe
- 2 EL mittelscharfer Senf
- 1 EL süßer Senf
- 1 TL Honig
- 2 EL weißer Balsamessig
- 3 EL bestes Olivenöl
- 2 Stangen Staudensellerie
- 1 Frühlingszwiebel
- 1 Bund Radieschen
- 150 g Bacon in Scheiben
- Pfeffer

ZUBEREITUNG

1. Kartoffeln in Salzwasser ca. 25 Min. kochen. Die Kartoffeln sollten noch Biss haben. Bitte noch heiß pellen, dann geht's am besten. Anschließend mindestens 2 Std. kalt stellen.

2. Kartoffeln in Scheiben schneiden. Für die Sauce Brühe erhitzen. Mit Senf, Honig, Essig und Öl vermengen, noch heiß über die Kartoffelscheiben gießen und die Kartoffeln darin wälzen.

3. Staudensellerie fein würfeln. Die Frühlingszwiebel in feine Ringe schneiden. Radieschen putzen, abspülen und in Stifte schneiden. Selleriewürfel, Frühlingszwiebeln und Radieschen unter die Kartoffeln heben.

4. Baconscheiben auf ein mit Backpapier ausgelegtes Ofenblech legen. Mit einer weiteren Schicht Backpapier abdecken und dann beschweren, z. B. mithilfe einer Auflaufform oder einer ofenfesten Pfanne. Bei 200 °C Umluft ca. 6–8 Min. backen. Den Bacon danach auf Küchenpapier abtropfen lassen. Dann in feine Stücke brechen und zur Seite stellen.

5. Jetzt den Salat final mit Salz und Pfeffer abschmecken. Dann die Baconbrösel auf den Salat streuen und genießen.

TOMATENSALAT MIT PICADA UND BUMMMS

4 Personen
25 Minuten

ZUTATEN

- 50 g geschälte Mandeln
- 1 Scheibe Toastbrot
- 2 EL Kapern
- 2 EL Olivenöl
- 1 TL Honig
- 2 EL gehackte Petersilie
- 1 Knoblauchzehe, fein gehackt
- 2 kleine frische Chilis, ohne Kerne fein gehackt
- 2 reife Fleischtomaten
- 4 weitere reife Tomaten, z. B. Flaschentomaten
- 8 Kirsch- oder Datteltomaten
- Salz, Pfeffer
- 4 EL Olivenöl
- 3 EL dunkler Balsamessig oder Frauenglück aus der Hinkelmann-Kollektion

ZUBEREITUNG

1. Für die Picada Mandeln in einer Pfanne ohne Fett leicht rösten, herausnehmen und fein hacken. Toastbrot ohne Rinde fein würfeln. Kapern abtropfen lassen. Öl erhitzen, Toastbrotwürfel dazugeben und braun braten. Honig mit in die Pfanne geben und verrühren.

2. Pfanne von der Flamme nehmen, Kapern dazugeben und ein wenig in der heißen Pfanne schwenken. Petersilie, Knoblauch und Chili in die noch leicht warme Pfanne geben, alles vorsichtig miteinander vermengen und zur Seite stellen.

3. Für den Salat die Tomaten vom Strunk befreien und in dünne Scheiben schneiden.

4. Tomaten auf einem großen Teller oder einer großen Platte fächerartig anrichten. Mit Salz und Pfeffer würzen. Außerdem Olivenöl und Essig darauf verteilen.

5. Alle Zutaten der Picada miteinander vermischen und kurz vor dem Servieren einfach über die Tomaten streuen.

TOMATE UND BOHNE
EINFACH, SCHLOTZIG, LECKER

4 Personen
20 Minuten

ZUTATEN

- 500 g Kirschtomaten
- 2 Schalotten
- 1 Dose weiße dicke Bohnen, ca. 250 g
- 1 Bio-Limette
- Salz, Pfeffer
- 1 TL Honig
- 100 ml Olivenöl
- 1 Bund glatte Petersilie
- ½ Bund Basilikum
- 1 Knoblauchzehe

ZUBEREITUNG

1. Kirschtomaten halbieren. Schalotten in feine Ringe schneiden. Bohnen durch ein Sieb gießen, abspülen und abtropfen lassen. Tomaten, Schalotten und Bohnen miteinander vermischen.

2. Für die Sauce die Limette auspressen und mit Salz und Pfeffer würzen. Den Honig unterrühren. Das Öl tröpfchenweise mit einem Schneebesen in die Flüssigkeit rühren. Kräuter fein hacken und zu der Sauce geben. Knoblauch ebenfalls fein hacken und mit zu der Sauce geben.

3. Alles miteinander vermengen und nochmals mit Salz und Pfeffer abschmecken.

AVOCADO-ERBSEN-SELLERIE-SALAT

4 Personen
15 Minuten

ZUTATEN

2 Stangen Staudensellerie

250 g feine TK-Erbsen

2 reife Avocados

Saft und Schalenabrieb von 1 Bio-Limette

1 Schalotte

½ Bund Basilikum,

5 EL Maracujasaft

1 EL mittelscharfer Senf

2 EL Olivenöl

1 EL Salatmayonnaise

Salz, Pfeffer, Zucker

1 Knoblauchzehe, gepresst

50 g gesalzene Kartoffelchips

ZUBEREITUNG

1. Sellerie in feine Scheiben schneiden. Erbsen in kaltem Wasser auftauen lassen. Avocados halbieren, entsteinen, schälen und in Scheiben schneiden und mit Limettensaft beträufeln, damit sie nicht braun werden.

2. Schalotte in feine Würfel schneiden. Basilikumblätter abzupfen und zur Seite stellen.

3. Für das Dressing Maracujasaft, Senf, Öl, Mayonnaise, Salz, Pfeffer, Zucker sowie die gepresste Knoblauchzehe mithilfe eines Schneebesens vermengen. Erbsen, Sellerie, Schalotte, Basilikum und Limettenabrieb miteinander vermengen.

4. Nun die Kartoffelchips auf dem Salat verteilen.

GUTEN APPETIT!

ERBSE-MINZE-GURKE

4 Personen
15 Minuten

ZUTATEN

300 g feine TK-Erbsen
1 große Salatgurke
1 Bio-Limette
2 Schalotten
2 TL Honig
2 TL süßer Senf
200 g Crème fraîche
2 EL Olivenöl
Salz, Pfeffer
1 Bund Minze, ca. 50 g

ZUBEREITUNG

1. Erbsen in etwas Wasser auftauen und abtropfen lassen. Salatgurke schälen, der Länge nach halbieren und mithilfe eines Esslöffels das Kerngehäuse entfernen. Danach die Gurkenhälften in mundgerechte Stücke schneiden.

2. Limettenschale abreiben und Limettensaft auspressen. Die Schalotten schälen und fein würfeln.

3. Für die Sauce Limettensaft, Honig, Senf, Crème fraîche und Öl verrühren, mit Salz und Pfeffer abschmecken. Von der Minze Blätter abzupfen, zusammen mit Erbsen, Gurke und Schalotten mit der Sauce vermengen. Nochmals abschmecken, nach Belieben mit Limettenabrieb verfeinern und reinhauen.

HIP-HOP-PORREE

4 Personen
15 Minuten

ZUTATEN

500 g Porree
2 frische Chilischoten
4 EL gutes Olivenöl
Salz
500 g reife Tomaten
1 Bio-Zitrone
Ca. 20 schwarze aromatische Oliven
Pfeffer
50 g Parmesan am Stück

ZUBEREITUNG

1. Porree waschen und in ca. 3 cm dicke Stücke schneiden. Chilis der Länge nach halbieren und vom Kerngehäuse befreien.

2. Den Porree mit dem Olivenöl und etwas Salz in einer Pfanne kurz dünsten. Chilis dazugeben und alles bei schwacher Hitze ca. 5–8 Min. dünsten lassen. Ab und an die Pfanne schwenken, damit der Porree gleichmäßig gart.

3. In einem Topf Salzwasser zum Kochen bringen. Tomaten auf der gegenüberliegenden Seite des Strunks kreuzförmig 1–2 mm tief einschneiden und für 5 Sek. ins kochende Wasser geben. Danach sofort kalt abschrecken. Jetzt kann man problemlos die Haut abziehen und den Strunk herausschneiden. Tomaten in ca. 2 cm dicke Scheiben schneiden.

4. Von der Zitrone die Schale abreiben, zur Seite stellen und den Saft auspressen.

5. Tomaten, Oliven, Zitronenschale und 2 EL Zitronensaft zum Porree geben und weitere 5 Min. bei schwacher Hitze dünsten.

6. Mit Salz und Pfeffer abschmecken. Den Parmesan fein über den Gemüsesalat reiben.

JETZT KANN GEFUTTERT WERDEN.

HIFFICIENCY
PFANNE VON HIFFICIENCY®

DREIERLEI DIPS ZUM SNACKEN

PETERSILIENDIP

ca. 15 Minuten pro Dip

ZUTATEN

- 1 Knoblauchzehe
- 100 g gehackte Petersilie
- 3 EL gemahlene Mandeln
- 140 ml Olivenöl
- 1 EL frisch gepresster Limettensaft
- 2 TL Hinkel sein Senf
- 1 TL Honig
- Meersalz, Pfeffer

ZUBEREITUNG

Den Knobi schälen und in Scheiben schneiden. Dann gemeinsam mit der Petersilie pürieren oder in einer Küchenmaschine zerkleinern. Die gemahlenen Mandeln dazugeben und nach und nach das Olivenöl einlaufen lassen, während der Pürierstab oder die Küchenmaschine weiterläuft. Limettensaft, Senf, Honig, Salz und Pfeffer hinzufügen und weiterpürieren, bis ein cremiger Dip entstanden ist.

ROTE-BETE-DIP

ZUTATEN

- 100 g vorgegarte Rote Bete
- 1 kleiner Apfel
- 200 g Schmand
- 1 TL Honig
- 1 TL gehackte Petersilie
- Meersalz, Pfeffer

ZUBEREITUNG

Die Rote Bete in kleine Würfel schneiden. Apfel waschen, schälen, vierteln und das Kerngehäuse entfernen. Anschließend werden die Apfelstücke fein geraspelt. Bete, Apfel und Schmand mit dem Honig und der Petersilie vermengen, mit Salz und Pfeffer abschmecken.

HONIG-SENF-SAUCE

ZUTATEN

- 250 g Schmand
- 2 EL Honig
- 2 EL Hinkel sein Senf
- Meersalz, Pfeffer
- 50 g Dillblättchen
- Saft von ½ Limette

ZUBEREITUNG

Schmand, Honig und Senf verrühren. Mit Salz und frisch gemahlenem Pfeffer würzen. Den Dill fein hacken und mit unter die Masse rühren. Limettensaft mit dazugeben – fertig.

DESSERTS

TIMOS CHEESECAKE
ALL ABOUT CHICKEN

4 Personen
60 Minuten

ZUTATEN

- 120 g Mehl
- ½ EL Speisestärke
- 1 TL Backpulver
- 6 Eier
- 1 Vanilleschote
- 250 g zimmerwarme Butter und Butter für die Form
- Abrieb und Saft von ½ Bio-Zitrone
- 250 g Zucker
- ½ TL Salz
- 750 g Quark (20 % Fett)
- 250 g Rougette, mild geschmolzen (z. B. bei geringer Leistung in der Mikrowelle)

ZUBEREITUNG

1. Backofen auf 170 °C vorheizen (Ober-/Unterhitze). Den Boden einer Springform mit Backpapier auslegen und den Rand einfetten.

2. Das Mehl mit der Stärke und dem Backpulver in eine Schüssel sieben und beiseitestellen.

3. Die Eier trennen, die Vanilleschote auskratzen. Eigelbe zusammen mit Butter und Zitronenabrieb, -saft und Vanillemark schaumig schlagen und den Zucker dabei einrieseln lassen. Anschließend die Eimischung unter die Mehlmischung ziehen.

4. Die Eiweiße mit dem Salz steif schlagen und langsam, aber gründlich unter die Masse heben.

5. Nun den Quark und den geschmolzenen Käse zügig unter die Masse rühren.

6. Den Cheesecake im vorgeheizten Backofen 50 Min. backen und anschließend 30 Min. zur Seite stellen. Ausgarnieren (z. B. mit Sahne, Bio-Zitronenscheiben und Pistazien) und genießen.

TIMOS SCHOKOTRAUM

4 Personen
3,5 Stunden

ZUTATEN

2 Blatt Gelatine
200 g Zartbitterkuvertüre
2 Eier, getrennt
5 cl Kaffeelikör
Salz
400 ml Sahne

ZUBEREITUNG

1. Die Gelatine für ca. 5 Min. in kaltem Wasser einweichen. Inzwischen die Schokolade im Wasserbad schmelzen, Eigelbe unterrühren und die Schokomasse beiseitestellen.

2. Den Kaffeelikör erhitzen, ausgedrückte Gelatine darin auflösen und unter die Schokoladenmasse rühren. Die Eiweiße mit einer Prise Salz steif schlagen. Die Sahne ebenfalls steif schlagen.

3. Einige Löffel Schlagsahne mit dem Schneebesen unter die Schokolade rühren, dann die Schokoladenmasse auf die restliche Sahne und das Eiweiß gießen. Alles schnell zu einer homogenen Masse verrühren. Sofort für mind. 3 Std. kalt stellen.

4. Will man die Mousse leicht portionieren, empfiehlt es sich, das sofort nach der Fertigstellung zu tun, wenn sie noch gießfähig ist. Oder die Masse in einen Einwegspritzbeutel füllen, diesen mit einer Klammer verschließen und so in den Kühlschrank legen.

CRÈME BRULÉE VON SCHOKI MIT GEWÜRZORANGEN UND GRAND-MARNIER-SABAYON

4 Personen
30-45 Minuten
plus 1 Tag

ZUTATEN CREME

300 ml Milch
50 g Zucker, 10 g Stärke
50 g Zartbitterkuvertüre
2 Eigelb
100 ml Sahne
2 EL brauner Zucker
Lötlampe

ZUTATEN GEWÜRZORANGEN

2 Orangen
1 Vanilleschote
50 g Honig
110 g Zucker
1 Zimtstange
5 Kardamomkapseln
1 Gewürznelke
1 Sternanis

ZUTATEN SABAYON

3 Eigelb
50 ml Süßwein
75 ml Grand Marnier
30 g Zucker

ZUBEREITUNG

1. Milch, Zucker, Stärke, zerkleinerte Kuvertüre und Eigelbe in einem Topf vermischen und unter Rühren zum Kochen bringen. Abkühlen lassen. Die Sahne steif schlagen, unterziehen und die Crememasse in vier flache Schälchen füllen. Kalt stellen.

2. Für die Gewürzorangen die beiden Orangen schälen. Das Mark aus der Vanilleschote kratzen. 150 ml Wasser mit Honig, Zucker, Vanillemark und den übrigen Gewürzen aufkochen, etwa 10 Min. köcheln lassen. Die Orangen in den Sud geben und kühl mindestens 1 Tag marinieren lassen.

3. Für die Sabayon alle Zutaten in einem Schlagkessel über dem Wasserbad mit dem Schneebesen aufschlagen, bis eine dickliche Creme entstanden ist. Dann direkt servieren.

4. Dazu die Creme mit braunem Zucker bestreuen und mit einer Lötlampe karamellisieren. Gewürzorangen in Spalten und diese quer in Scheiben schneiden. Orangenstücke dekorativ auf der Créme brulée anrichten und etwas Sabayon dazugeben.

MANDEL-FRISCHKÄSE-MOUSSE

4 Personen
60–90 Minuten

ZUTATEN

500 g cremiger Quark
80 g Puderzucker
1 Vanilleschote
5 cl Amaretto
4 Blatt Gelatine
250 ml Sahne

ZUBEREITUNG

In einer Schüssel den Quark mit dem Zucker und dem ausgekratzten Mark der Vanilleschote verrühren. Gelatine in kaltem Wasser 5 Min. einweichen, dann ausdrücken im erhitzten Amaretto auflösen und sofort unter die Quarkmasse rühren. In den Kühlschrank stellen, bis die Masse beginnt fest zu werden. Sahne steif schlagen und vorsichtig unter die Creme heben.

ROTWEIN-GEWÜRZKIRSCHEN

4 Personen
20–25 Minuten

ZUTATEN

50 ml Portwein
100 ml Banyuls
200 ml Kirschsaft
1 Gewürznelke
1–2 gemahlene Tonkabohnen
1 Zimtstange
1 aufgeschnittene Vanillestange
3 Sternanis
250 g frisch entsteinte Kirschen
1 EL Kirschwasser

ZUBEREITUNG

1. Portwein und Banyuls auf ein Drittel reduzieren, Kirschsaft und Gewürze zugeben und 5 Min. köcheln lassen.

2. Flüssigkeit durch ein Sieb passieren und die Kirschen darin etwa 1 Min. köcheln lassen, Kirschwasser zugeben und kalt stellen.

3. Die Gewürzkirschen lassen sich prima im Kühlschrank aufbewahren und passen z. B. zu Eis und Cremes. Ein absoluter Dessert-Allrounder!.

ERDBEER-MINZ-TIRAMISU

4 Personen
60–90 Minuten

ZUTATEN

1 dunkler Biskuitboden
Etwas Orangenlikör
500 g kleine Erdbeeren
2 EL Zucker
1 Bund Minze
750 g Mandel-Frischkäse-Mousse (Rezept S. 180)
Gehackte Pistazien für die Garnitur

ZUBEREITUNG

1. Den Biskuitboden horizontal durchschneiden – das geht entweder mit einem langen Sägemesser oder auch mit einem um den Rand gelegten Faden, der über Kreuz zusammengezogen wird, bis der Boden geteilt ist.

2. Eine runde Auflaufform mit 5–8 cm hohem Rand mit einer Schicht Biskuit auslegen und mit etwas Orangenlikör beträufeln.

3. Die Erdbeeren abbrausen, putzen, etwas kleiner schneiden und mit dem Zucker bestreut kurz ziehen lassen.

4. Inzwischen die Minze waschen, trocken schütteln, Blättchen abzupfen und, bis auf einige Blätter für die Garnitur, fein hacken.

5. Erdbeeren durchmischen, 2 EL Beeren für die Garnitur beiseitelegen, den Rest mit der gehackten Minze unter die Mandelmousse mischen. Die Hälfte der Masse auf den Biskuit in der Form auftragen. Die zweite Schicht Biskuit auflegen und mit der zweiten Hälfte Erdbeer-Mandel-Mousse bedecken.

6. Die Mousse glatt streichen und das Tiramisu mit den zurückbehaltenen Erdbeeren und Minzblättchen garnieren, mit gehackten Pistazien bestreuen. Vor dem Servieren für einige Stunden in den Kühlschrank stellen.

JOGHURT-MINZ-SHAKE MIT GRILLANANAS

4 Personen
70–100 Minuten
inkl. Marinieren

ZUTATEN

1 reife Babyananas

20 cl Rum

500 g Joghurt, griechische Art

1 Handvoll frische Minze, fein geschnitten

Saft und Abrieb von 2 Bio-Limetten

2 EL Honig

Zimt und Zucker

Einige Pistazienkerne, gehackt

AUSSERDEM

4 Holz-Schaschlikpieße, 24 Std. gewässert

2 TK- oder Vakuumbeutel

4 dicke Trinkhalme

ZUBEREITUNG

1. Die Ananas schälen, anschließend entstrunken. Ananas dazu längs vierteln, den Strunk aus jedem Stück keilförmig herausschneiden.

2. In jeden Plastikbeutel 2 Viertel Ananas geben, jeweils 10 cl Rum zufügen. Die Beutel verschließen und die Ananas 60–90 Min. im Kühlschrank ziehen lassen.

3. In der Zwischenzeit den Joghurt mit der Minze, Limettensaft, dem Limettenabrieb und dem Honig gut vermischen.

4. Die Ananasviertel auf die Spieße stecken und bei 220–250 °C rundherum kross grillen. Etwas Zimt und Zucker mischen.

5. Wenn die Ananas anfangen zu bräunen, mit etwas Zimtzucker bestreuen und den Zucker karamellisieren lassen.

6. Den Joghurtmix in Gläsern als Drink anrichten, mit Pistazienbröseln garnieren, Ananasspieß obendrauf, Trinkhalm rin und go …

TIPP: Ihr könnt statt einer Babyananas auch eine normalgroße Ananas verwenden, dann aber nur die Hälfte davon. Diese Hälfte längs vierteln und entstrunken.

REZEPTREGISTER

Papaya-Chicken-Spieße vom Grill

Tandori-Chicken aufgespießt

Chicken An(ders)louse

Crazy Chicken

Chicken Frikassee 2.0

Keule auf Brokkoligemüse mit Haselnussbutter

Quiche mit Lauch und Filetstreifen

Timos Chicken-Paket

Hinkelmanns Chickensalat

Die allerbeste Hühnerbrühe

Amboss-Steaks auf Bohnen-Ratatouille

Big Burger mit Bacon und Ananas

Burger mit Feigen

Feuerlanzen mit Kichererbsensalat

Voll auf die „12" Hammerkeulen auf Ofengemüse

Hau-Weg-Steaks mit Kräuter-Senf-Marinade und Paprika-Letscho

Meister-Medaillons mit Röstzwiebeln, Balsamico-Champignons und Polenta-nocken

Metal-Wings mit Gemüse-Couscous

Geflügel-Pastrami-Sandwich

Platter Flattermann mit Kürbis-Orangen-Risotto

Timos Bruderhahnküchlein

Der Rotze-volle-Bruderhahn

Zitrus-Bruderhahn

Timos Hosenscheißer-Süppchen

Chicken Lolly

Timos Chicken-Sandwich

Spätzlepfanne Haps Haps

Timos Spaghetti Chicki-Chicki

Alles Nuggets oder was?

Erdbeer-Rettich-Carpaccio

Safran-Blumenkohl-Chili-Salat

Kartoffelsalat mit Bacon und Radieschen

Tomatensalat mit Picada
und Bummms

Tomate und Bohne
einfach, schlotzig, lecker

Avocado-Erbsen-Sellerie-
Salat

Erbse-Minze-Gurke

Hip-Hop-Porree

Petersiliendip

Rote-Bete-Dip

Honig-Senf-Sauce

Timos Cheesecake
All about Chicken

Timos Schokotraum

Crème brulée von Schoki
mit Gewürzorangen und
Grand-Marnier-Sabayon

Mandel-Frischkäse-Mousse

Rotwein-Gewürzkirschen

Erdbeer-Minz-Tiramisu

Joghurt-Minz-Shake mit
Grillananas

IMPRESSUM

Timo und sein Quartier-Lounge Team, Herford

1. Auflage, September 2020

Die im Buch veröffentlichten Aussagen und Ratschläge wurden von Verfasser und Verlag sorgfältig erarbeitet und geprüft. Eine Garantie für das Gelingen kann jedoch nicht übernommen werden, ebenso ist die Haftung des Verfassers, des Verlags oder seiner Beauftragten für Personen-, Sach- oder Vermögensschäden ausgeschlossen.

Verlag:	TOPBUDGET, Essen
Management:	Daniel Kiefer Germantalent UG, Essen
Produktionsmanagement:	Schmieder-Media GmbH, Lünen
Lektorat:	Claudia Lenz, Essen
Gestaltung und Satz:	Die Knaben – Büro für Gestaltung, Frankfurt
Umschlaggestaltung:	Die Knaben – Büro für Gestaltung, Frankfurt
Druck und Bindung:	Düssel-Druck & Verlag GmbH, Düsseldorf

Bildhinweise:
Seiten 40, 41, 44, 52, 53, 108, 109, 110, 113, 114, 117, 118, 121, 122, 125, 126, 129, 152, 153 sowie die Umschlagfotos: WIESENHOF Geflügel-Kontor GmbH, Visbek.
Seiten 2, 6, 10, 11, 15, 18, 19, 20, 28, 29, 31, 38, 43, 45, 51, 56, 59, 88, 103, 130, 131, 138, 139, 145, 172, 173, 190, 191: d & d Fotostudio, Herford.
Seiten 50, 57, 58, 61, 62, 65, 66, 69, 70, 73, 74, 77, 78, 81, 82, 85, 86, 89, 90, 93, 94, 97, 98, 101, 102, 105, 106, 132, 135, 136, 140, 143, 144, 147, 148, 151, 154, 157, 158, 161, 162, 165, 166, 169, 170, 174, 177, 178, 180, 181, 182, 185: Stephanie Just, Bad Münder
Seiten 54, 55, 56 (Karikaturen): FBI-Freelance Bureau of Illustration/Heiko Wrusch, Lohmar
Seiten 14, 22, 27, 37, 48, 49, 54, 55: shutterstock.com
Seiten 17, 61, 65, 90, 93: Römertopf, Ransbach-Baumbach
Seiten 24, 25: Russell Hobbs Deutschland GmbH, Sulzbach
Seiten 47, 58, 73, 81, 86: Hifficiency, Wilhelmshaven
Seite 80: Globe-Traveller Zentrum OWL, Bad Salzuflen

Bezugsquellen:
Römertopf, Ransbach-Baumbach, www.roemertopf.de
Russell Hobbs Deutschland GmbH, Sulzbach, de.russellhobbs.com
Hifficiency, Wilhelmshaven: www.multispeed.de
Globe-Traveller Zentrum OWL, Bad Salzuflen, www.markoetter-reisemobile.de

A special thanks to:
Petra Bühler, Nicola Hinkelmann, Babette Sauerland – für Rat und Tat
D'Mauldasch: www.dmauldasch.de
Edeka Minden-Hannover: www.minden-hannover.edeka
Wiesenhof: www.wiesenhof-online.de

ISBN: 978-3-00-066513-4
Printed in Germany
www.topbudget.de

Alexandra und Timo Hinkelmann

SPONSOREN

RÖMERTOPF®
Keramik GmbH & Co. KG
Rheinstraße 100
56235 Ransbach-Baumbach

Russell Hobbs
Deutschland GmbH
Am Unisys-Park 1
65843 Sulzbach

d&d Fotostudio in Herford
Radewiger Str. 21
32052 Herford

D`Mauldasch
Karl-Pfaff-Str. 1
70597 Stuttgart

WIESENHOF
Geflügel-Kontor GmbH
Zentrales Marketing
Paul-Wesjohann-Str. 45
49429 Visbek

Paradies
Informationstechnik GmbH
Herforder Straße 83
32584 Löhne

HIFFICIENCY®
ist eine Marke von
acs Coating Systems GmbH
Kutterstraße 2–4
D-26386 Wilhelmshaven

Die Weinquelle GmbH
Langbaurghstraße 6
D-53842 Troisdorf

Babagna Production GmbH
Humboldtstraße 23
02625 Bautzen

Compass Deutschland
Stiller & Graute GbR
Fürstenstraße 34a
33415 Verl

GermanTalent UG
Management Agentur
Heidehang 31
45134 Essen

Marktkauf Minden GmbH
Wittelsbacherallee 61
32427 Minden

Quartier Lounge
Gänsemarkt 4
32052 Herford

Globe-Traveller Zentrum OWL
Benzstraße 4
32108 Bad Salzuflen